Ⓢ新潮新書

山田吉彦
YAMADA Yoshihiko

日本の国境

107

新潮社

日本の国境――目次

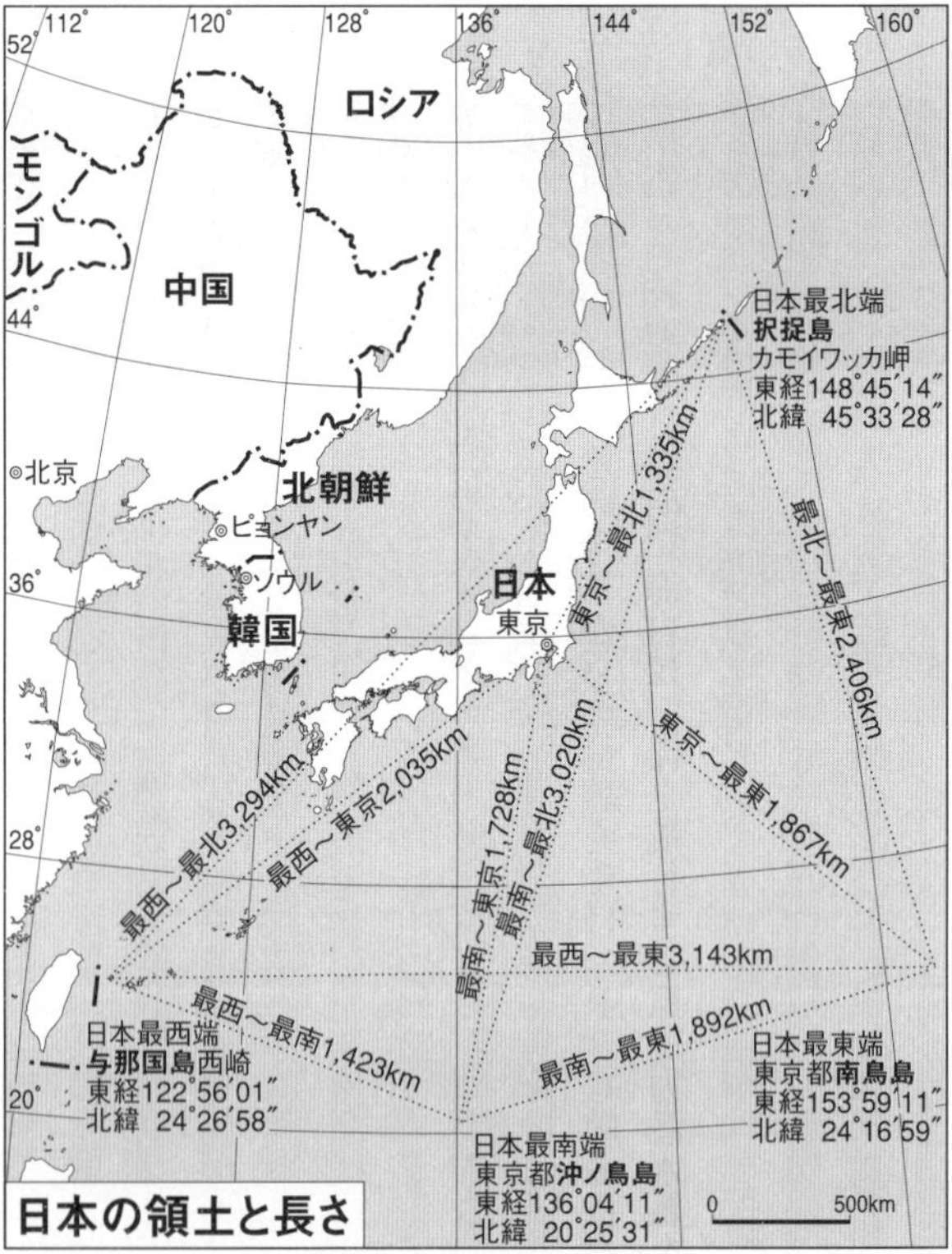
112°
120°
128°
136°
144°
152°
160°
52°
44°
36°
28°
20°
ロシア
モンゴル
中国
北京
北朝鮮
ピョンヤン
ソウル
韓国
日本
東京
日本最北端
択捉島
カモイワッカ岬
東経148°45′14″
北緯 45°33′28″
東京～最北1,335km
最北～最東2,406km
最西～最北3,294km
最西～東京2,035km
最南～東京1,728km
最南～最北3,020km
東京～最東1,867km
最西～最東3,143km
最西～最南1,423km
最南～最東1,892km
日本最西端
与那国島西崎
東経122°56′01″
北緯 24°26′58″
日本最東端
東京都南鳥島
東経153°59′11″
北緯 24°16′59″
日本最南端
東京都沖ノ鳥島
東経136°04′11″
北緯 20°25′31″
0
500km
日本の領土と長さ

プロローグ

二〇〇四年一〇月、中国の青島《チンタオ》にある中国海軍北海艦隊潜水艦基地から一隻の原子力潜水艦が出航し、東シナ海を東へと針路をとった。米軍は、すぐにこの情報を摑み、台湾当局と共に動向を監視し、日本の海上保安庁、海上自衛隊にも情報を提供した。

この原潜が再び日本近海に姿を現したのは、一一月八日、海上自衛隊は「日本近海に国籍不明の原子力潜水艦がいる」との米軍からの情報を受け、P３C哨戒機を出動させ沖縄南東海域を捜索した。翌九日未明、海自は、浮上航行する原子力潜水艦を発見し、その数時間後、海上保安庁もこの原潜を確認し警戒態勢に入った。

原潜は沖縄県の八重山諸島の方向に進んでいたが、日本側の追跡を知ったためか、潜航を開始した。潜航されると海上保安庁は為す術を持たない。あとは、対潜哨戒機を持つ海上自衛隊が対応することとなる。

一一月一〇日午前五時五〇分、国籍不明の原潜は沖縄県宮古島付近の領海を侵犯した。海上自衛隊に追跡されていたことなど当然知っていたはずである。

日本領海に侵入した潜水艦は、潜航したまま、太平洋側から宮古島と石垣島の間の海域を通過し、東シナ海方面へと向かった。

海上自衛隊では、P3C哨戒機と護衛艦により潜水艦の追尾を続けるとともに、首相官邸に状況を報告し、指示を仰いだ。しかし、小泉純一郎首相の耳に情報が入ったのは午前八時、大野功統《よしのり》防衛庁長官が海上警備行動を発令したのは、八時四五分。時遅し、既に潜水艦は領海を通り抜け、ゆうゆうと公海を進んでいた。

同じ頃、霞ヶ関に集まった海上保安庁の幹部たちは、いらいらをつのらせていた。原潜は、領海に近づいているはずだが、追跡しているはずの海上自衛隊から情報が来ない。海上自衛隊が海上警備行動を開始するためには、海上保安庁との事前の合意が必要なことになっている。海上保安庁にできることは、最善を尽くし、どのような状況にも対応できるよう緊急態勢を配備し待機することだけであった。

日本の領海を通り抜けた原潜は、中国海軍所属のものであることが判明した。中国の原潜は、日本での大騒ぎを尻目にゆうゆうと青島の基地へと帰港した。

原潜の領海侵犯事件が起きる二週間前の二〇〇四年一〇月二六日、私は海上保安庁の巡視船「いず」に乗り、相模湾で行なわれたPSI（大量破壊兵器拡散防止イニシアティブ）の合同訓練を視察していた。

私は日本財団に勤務し、海上安全や海難防止に関わる事業を担当している。日本財団では、マラッカ海峡で頻発する海賊への対策、北朝鮮工作船の一般公開事業などを実施し、海の安全に対する問題提起をしてきた。二〇〇三年には、市民レベルで沿岸巡視・海洋環境汚染対策などを行なう民間組織「海守（うみもり）」を立ち上げ活動を開始している。「海守」の二〇〇四年現在の会員数は、約五万五〇〇〇人。日本の沿岸三万四〇〇〇キロを守るには、一万二〇〇〇人の海上保安官だけではあまりにも少ない。そのため、「海守」は、民間ベースで海の安全を考え、海上保安庁への協力を行なっている。担当者である私は、日本の沿岸警備への民間協力を提案するために、海上保安庁の機関を訪問し、巡視船艇に乗船する機会が多い。

今回のPSI合同訓練は「チーム・サムライ04」と呼ばれ、テロ組織による大量破壊兵器の輸送を海上で阻止することを目的とし、日・米・豪・仏の四ヵ国が参加して行なわれた。日本の正式参加機関は海上保安庁であり、海上自衛隊はオブザーバーであった。

訓練が開始されるまで、「いず」のヘリコプター甲板で各国艦艇の準備の様子を見ていると、どんよりとした曇り空を海上自衛隊のヘリコプター編隊とP3C哨戒機が通過していった。私たちの案内をしてくれていた海上保安官が空を見ながら呟いた。

「P3Cです。羨ましいですね。あれがあれば、もっと楽に、もっと広い海域を哨戒できるのですが……」

この海上保安官の嘆きの声は、二週間後に明白になる我国の海上警備体制の問題を予言していた。

日本が管轄権を持つ海域への中国船の侵入は原子力潜水艦だけではない。頻繁に海洋調査船が侵入し、日本の排他的経済水域内で無許可に海底調査、海洋調査を行なっている。日本政府は、これらの中国船の調査活動に対し時折抗議するものの、中国側は馬耳東風、傍若無人に「日本の海」を荒らしまわっているとの印象を受ける。

中国は、すでに、日本との境界線に極めて近い海域で、海底ガス油田の開発に着手しており、二〇〇一年に策定したガス油田開発計画には、日本側に張り出した鉱区が一二ヵ所もある。そのうち三ヵ所は中間線の日本側に完全に入っているのだ。

二〇〇四年七月、遅ればせながら、日本も東シナ海の海底油田周辺の地質調査を開始した。このままだと、日本がガス油田開発をはじめる頃には、中国によりすべて採り尽くされているかもしれない。

日本の国益とは何なのだろうか。日本の海図には、排他的経済水域の記載が無い。排他的経済水域を主張する国は、海図に記載することが国連海洋法条約（United Nations Convention on the Low of the Sea）に規定されている。実は、隣国の中国、韓国、ロシアも海図に排他的経済水域を記載していない。武力を以って自国の管轄権を主張する国々には、海図上に管轄権を示す線を引くことなど意味が無いことだろう。しかし、国益を守るためであっても武力を行使することに制約が多い我国においては、海図上に排他的経済水域の線を明記し、国際法による庇護をもとめなければならないのである。

中国潜水艦の侵犯、北朝鮮工作船など、新聞やテレビでは連日報道され、日本の海に暗雲がたちこめている。では実際、日本の国境に何がおこっているのだろうか。そもそも国境とは、何を意味するのか。これは、そんな疑問の答えを探し、日本の国境を回った、なまのレポートである。

日本には、海洋政策と言えるものが無い。日本に海を越え忍び寄る危機、隣国との関係に不安を感じているのは、きっと私だけではないことだろう。

第一章　海洋国家日本の肖像

この国のかたち

私たちの国、日本は、とても広い国である。

東は南鳥島から西は与那国島まで三一四三キロメートル。

北は択捉島から南は沖ノ鳥島まで三〇二〇キロメートル。

同じ国内でありながら、南北間の冬季における平均気温差は、摂氏三〇度にもなり、亜寒帯から熱帯まで、幅広い気候分布を持っている。同じ季節に氷の妖精クリオネが舞う流氷の海と、色鮮やかなチョウチョウウオやクマノミが泳ぐサンゴ礁の海を見ることができる、多くの生態系を持った自然豊かな国なのである。

日本の国土面積は、三八万平方キロメートル。世界で五九番目の広さである。陸地の

国土（領土）面積	約38万km²
領海面積	約43万km²
排他的経済水域面積（領海含む）	約447万km²

日本の国土、排他的経済水域

面積だけをみれば、決して広いとは言えない。

しかし、我国が漁業管轄権や海底資源の調査・採掘権などの主権的権利を持つ、「日本の海」＝排他的経済水域（ＥＥＺ　Exclusive　Economic　Zone）は、約四四七万平方キロメートル（接続水域を含む）にもおよぶ。これは、世界で六番目の広さを持っている。

この日本の広い海の中に六八五二の島（周囲一〇〇メートル以上）が有り、およそ一億二〇〇〇万人が暮らしているのである。

日本を取り囲む海岸線は長く、総延長は三万三八八九キロメートルにもおよぶ。海辺を旅したことがある人も多いだろう。切り立った断崖、砂丘・岩場・干潟・サンゴ礁、消波ブロックに埋め尽くされた海岸、延々と続く防波堤、外航船が着く桟橋など多種多様な景色が繰り広げられ、人々の心をなごませている。

しかし、残念ながら日本が広い国だと認識している日本人は少ない。海洋国家日本の国民は、自国が海洋国であることを忘れてしまっているようだ。

海に関わる産業は、衰退の一途をたどっている。海幸彦・山幸彦の神話に見られるように私たち日本人の祖先は、弥生期に農業が始まる以前から、海に出て魚をとる暮らしをしていた。三世紀に書かれた魏志倭人伝の中にも「倭の水人、好んで沈没して魚蛤を捕《と》う」と日本人の魚食文化が紹介されている。

このように日本人の食生活には、昔から魚が重要な役割を果たしてきた。しかし、現在の漁業従事者の数は、およそ三〇万人弱。就業人口全体の〇・五%にしか過ぎない。

二〇〇三年の我国の海上貿易量は、九億一六七七万トン。輸出入全体の九九%は海上輸送により行なわれている。しかし、船の国籍に当たる船籍を日本に持つ船は一〇三隻だけである。日本商船隊と呼ばれる日本の船会社が支配する船舶は一八七三隻。船会社は、税金回避や日本の船員制度に束縛されることを嫌い、税金が安く規制の少ない国を選んで船籍を取得する便宜置籍船制度を選択している。日本籍船には一定数の日本人船員を配乗させなければならないが、日本人船員は人件費が高いことから敬遠され、これが便宜置籍船の増える原因のひとつになっている。

便宜置籍船制度は、メリットばかりではない。船の世界は、旗国主義といい、船籍国が船の管轄権を持つ。船は、原則として船尾に船籍国の旗を揚げることになっているため、船籍国のことを旗国と呼ぶのである。船内では旗国の法律が適用され、日本の船会社が支配する船でも、原則として、日本の法律は適用できない。もし、船内で犯罪があった場合には、旗国の捜査権が優先され、犯人逮捕、拘留をする場合にも、旗国の判断を求めなければならないなど問題が多い。最も旗国船が多い国はパナマであり、日本商船隊の七〇・二％がパナマ船籍であるが、パナマ政府が、他国が支配する船のために行動することなど有りえないと言ってよい。

日本人船員の数も激減している。二〇〇三年のデータによると外航船員は、わずか三三三六人で、内航船員・漁船員などを合わせても八万六二〇八人。一九九〇年には、二〇万六六七人であったものが、この一〇年余りで半数以下に減ってしまった。今や日本商船隊を支えているのはフィリピン人船員である。

日本人の生活は、海上輸送によって支えられている。しかし、船や船員の多くは日本政府の管轄下には無いのである。もし、アジアの海に紛争が起こり、日本へのシーレーンが危険にさらされた時、誰が日本の海上輸送を守るのだろうか。日本の領海内でなく日本籍船でもなければ、日本政府は手も足も出せないのが実情である。

また、日本近海の治安状況も良いとは言えない。

北朝鮮工作船の領海への侵入、中国潜水艦の領海侵犯、中国海洋調査船の排他的経済水域内での無許可調査の強行、ロシア・マフィアの密輸・密漁船の領海侵入など、日本の安全保障を脅かす事象が頻繁に発生しているのである。

このように日本の海が危険な状態にあることを、どれだけの日本人が知っているのだろうか。国民の安心した豊かな暮らしは海の安全によって支えられているのである。海洋国家というには、国を取り巻く海に関する情報が余りにも少ないのが現状である。

領土とは何か

領土とは、何か。広辞苑には、「一国の主権を行使し得る地域。一国の統治権の及ぶ範囲。広義には領海・領空を含む」と書かれている。

現在の日本の領土は、第二次世界大戦後、連合国と日本の間で、一九五一（昭和二六）年に結ばれた「サンフランシスコ平和条約」により国際的に認められている。

日本は一九四五年八月一五日ポツダム宣言を受諾し、第二次世界大戦の敗戦国としてこの平和条約を締結した。

サンフランシスコ平和条約の第二章では日本の領域が定められ、明治維新以降、日本が幾度かの戦争により獲得した、支配地域に対する領有権の放棄が求められている。

歴史的に見て日本が支配し続けていた地域だけが、「日本国」の固有の領土となったのである。

言い換えると、第二次世界大戦終戦時まで領有していた地域の中で、サンフランシスコ平和条約に放棄すべき地域と定められていないところが、必然的に日本の領土となったのである。

この領有権を放棄すべき地域の中には、竹島も北方領土も尖閣諸島も入っていない。そのため韓国に支配されている竹島もロシア（旧ソビエト連邦）に支配されている北方領土も中国が領有権を主張する尖閣諸島も、疑う余地も無く日本の固有の領土であると言える。特に尖閣諸島はサンフランシスコ平和条約第二章第三条により、日本国の領土としてアメリカに信託統治されていたのである。

竹島、北方領土は我国固有の領土でありながら、他国（韓国、ロシア）に実効支配され、日本の主権の行使も統治も実際には不可能な情況にある。

申し添えておくと、韓国もソビエト連邦も中国もサンフランシスコ平和条約の締結国とはなっていない。

以下サンフランシスコ平和条約の領域に関する部分を抜粋し紹介する。

（サンフランシスコ平和条約　一九五一年九月八日署名）

第二章　領域

第二条

(a) 日本国は、朝鮮の独立を承認して、済州島、巨文島、及び鬱陵島を含む朝鮮に対するすべての権利、権原及び請求権を放棄する。

(b) 日本国は、台湾及び澎湖諸島に対するすべての権利、権原及び請求権を放棄する。

(c) 日本国は、千島列島並びに日本国が一九〇五年九月五日のポーツマス条約の結果として主権を獲得した樺太の一部及びこれに近接する諸島に対するすべての権利、権原及び請求権を放棄する。

(d) 日本国は、国際連盟の委任統治制度に関連するすべての権利、権原及び請求権を放棄し、且つ、以前に日本国の委任統治の下にあった太平洋の諸島に信託統治制度を及ぼす一九四七年四月二日の国際連合安全保障理事会の行動を受諾する。

(e) 日本国は、日本国民の活動に由来するか又は他に由来するかを問わず、南極地域のいずれの部分に対する権利若しくは権原又はいずれの部分に関する利益についても、すべての請求権を放棄する。

(f) 日本国は、新南群島及び西沙群島に対するすべての権利、権原及び請求権を放棄する。

第三条

日本国は、北緯二九度以南の南西諸島（琉球諸島及び大東諸島を含む）、孀婦岩の南の南方諸島（小笠原群島、西之島及び火山列島を含む）並びに沖ノ鳥島及び南鳥島を合衆国を唯一の施政権者とする信託統治制度の下におくこととする国際連合に対する合衆国のいかなる提案にも同意する。このような提案が行われ且つ可決されるまで、合衆国は、領水を含むこれらの諸島の領域及び住民に対して、行政、立法及び司法上の権力の全部及び一部を行使する権利を有するものとする。

海洋管理の根拠法

海はいったい誰のものだろうか。ローマ時代は、「海は万人の共有財産」と考えられていた。

一五世紀から一七世紀には、スペイン・ポルトガル・オランダ・フランス・英国の冒険者たちは競って、富と利権を求め新航路開拓、新大陸発見に躍起になり、海の権益の争奪戦を繰り広げていた。この時期は、大航海時代と呼ばれ、航海技術が革新的に発達し、現在の海洋における国際ルールの根幹が作られた。大航海時代のさなかの一六〇九年、国際法の父と呼ばれるオランダ人グロティウス（一五八三～一六四五）は「自由海論」を発表し「海はどこの国にも属さず、その利用は基本的に自由である」との考えを示した。

一八世紀に入ると沿岸防衛の観点から領海という概念が生まれ、各国の海洋における権限が主張されるようになり、国際的な海洋利用に関する取り決めが必要となった。

現代の海洋における国際的な取り決めを集大成したものが、国連海洋法条約である。一九九四年、沿岸域から深海底にいたる海洋全域を対象とした、世界の海洋管理の根拠法となる国際条約として発効した。

この条約の締結への道は多難であった。一九五八年、第一次国連海洋法会議が開催され、議論が始まるが、各国の利害が衝突し、一九六〇年の第二次国連海洋法会議では、領海の幅すら決めることができなかった。

この条約の締結に大きな影響を与えたのは、一九六七年、国連においてマルタのバルド大使がおこなった「深海底は人類共通の財産（common heritage of mankind）である」という演説である。

当時、急速に科学技術が進歩し、深海底資源の開発計画が脚光を浴びていた。その中、海洋、海底開発における国際規則を制定する気運が高まり、一九七三年、第三次国連海洋法会議が開催され、九年間におよぶ審議の結果、一九八二年、国連海洋法条約が採択された。

発効したのは、さらに一二年後の一九九四年で、我国は、一九九五年に批准し、翌一九九六年に施行している。二〇〇四年現在一四五ヵ国が批准している。

この条約では、領海を一二海里（約二二・二キロメートル）、排他的経済水域を二〇〇海里、深海底資源の開発に関わる沿岸国の大陸棚は、原則二〇〇海里とするなど海洋における国家の管轄権が規定され、深海底開発の制限や海上犯罪への対応などが示されている。また、各国の管轄権の外にある深海底の鉱物資源は、人類の共同財産とし、いかなる国も勝手に開発することができないのである。

深海底の開発において最高の技術水準を持つ米国は、この条約を批准していない。米国の石油開発企業は、既に海底資源の開発に積極的に取り組んでおり、深海底開発の制限は自国の企業の利益に反するため、国連海洋法条約の批准は議会の承認が取れないのだ。

世界の警察を自負する米国が批准していない条約に、どれだけの効力があるのか疑問視するむきもある。

また、この条約は、海洋関係を網羅した唯一の国際条約であり、「海のバイブル」といわれる反面、各国の妥協の上に成り立っているため玉虫色の解釈が可能になっている。

しかし、国際的な趨勢は、国連海洋法条約に準拠し各国が国内法を整備することで、海洋秩序を構築しようとする流れである。

我国においても、一九九六年同条約の施行に合わせて「排他的経済水域及び大陸棚に関する法律」を制定し、沿岸二〇〇海里を排他的経済水域とすることを宣言した。

沿岸一二海里の領海

領海とは、沿岸国の領土に接する水域で、領海内では、その国の主権を行使することができる。沿岸国の主権は、領海の上空ならびに領海の海底およびその下にも及ぶものとされる。

国連海洋法条約によると領海の幅は沿岸国の基線から一二海里以内とされ、我国も世界の趨勢に合わせて一九七七年「領海法」を制定し、沿岸一二海里までを領海と設定した。

各国の領海幅は、かつて三海里が主流だった。これは、一八世紀初頭、英仏間の紛争に対し中立的立場を守りたいオランダが、他国の軍艦が自国三海里以内に勝手に入ることを拒絶すると主張したことが国際的に認められたものである。三海里という距離は、当時の大砲の弾丸が届く距離を基準として定められ、領土防衛の意思表示が領海の設定へとつながった。

我国は、明治維新後、近代国家の形成を目指し、一八七二(明治五)年、太政官達により領海三海里を宣言し、以来、一九七七年まで一〇〇年以上、沿岸三海里を領海としてきた。

沿岸一二海里を領海としている現在でも、日本近海の国際海峡を特定海域として領海幅を三海里としている。この国際海峡は、宗谷海峡、津軽海峡、対馬海峡（東水道、西水道）、大隅海峡である。領海法制定当時の世界情勢は、東西冷戦の中に有り、日本近海では、米ソ両国の軍艦、特に潜水艦の動きも活発であった。上記の国際海峡の幅は狭く、日本の領海一二海里を主張すると、海峡のすべてが領海となり、潜水艦は浮上し国旗を揚げて航行しなければならなくなる。特定海域の設定は、ソ連などの潜水艦が通航するために、領海幅を狭め、自由通航できる航路を設けていたとの解釈がされている。ソ連の潜水艦など見たくもないというのが当時の政策担当者の本音かもしれないが、国家の主権よりも隣国との協調をおもんばかる過度な配慮と感じられる。

排他的経済水域の管轄権

北朝鮮工作船の日本近海への侵入事件などがあり、排他的経済水域という言葉が、マスコミなどでよく使われるようになった。排他的経済水域とは、沿岸国が領海を超えて、沿岸の基線から二〇〇海里までの範囲内で設定することができる水域で、海底資源の探査や開発、その他の経済的な探査や開発の主権的権利、海洋環境保全・科学的調査・人

順位	国名	面積（単位：1万㎢）
1	米国	762
2	オーストラリア	701
3	インドネシア	541
4	ニュージーランド	483
5	カナダ	470
6	日本	447
参考	旧ソ連	449

世界の排他的経済水域面積
1972年米国国務省資料による。ただし、日本は1996年海上保安庁調査による。旧ソ連は、既に独立しているバルト海、黒海、カスピ海沿岸国および、その他すべての実効支配している地域を含むため参考とした。

工島の設置などの管轄権を持つ。漁業に関しては、漁獲量の分配、漁期、魚種などを決定することができる。排他的とは、自国の主権以外、外国の権利を認めないことを意味している。

言うなれば、日本の権利を主張し、行使することができる海域が排他的経済水域であり、私は、これを「日本の海」と考えている。

排他的経済水域の設定で、現在最も大きな影響を受けているのは漁業である。一九七六年米国やソ連が相次いで二〇〇海里漁業水域を設定したことから、日本政府は漁業者保護のため一九七七年に「漁業水域に関する暫定措置法」を制定し、二〇〇海里漁業専管水域を宣言し、太平洋側二〇〇海里以内で操業する外国漁船に対し、漁獲の制限を行なった。

日本は遠洋漁業が盛んなため、二〇〇海里水域に反対

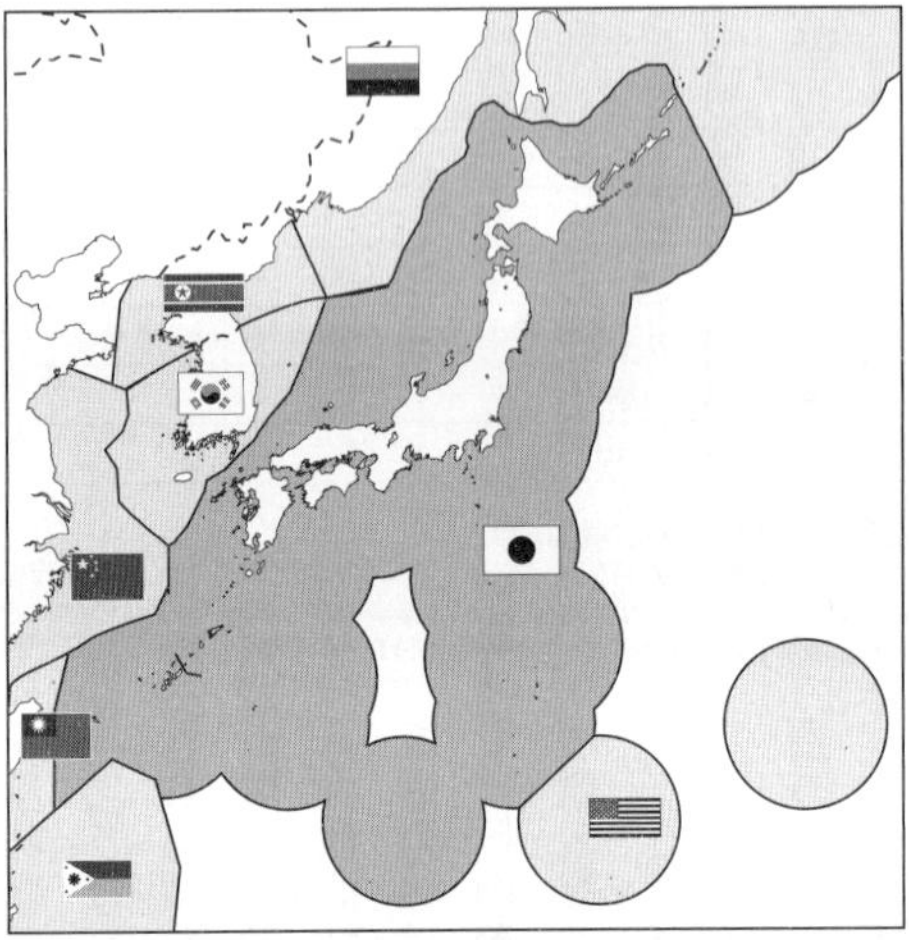

日本の排他的経済水域と隣接国との境界線

してきたが、ソ連漁船が日本近海で自由に操業しながら、一方、日本漁船はソ連が設けた漁業水域内での操業ができないことに対抗し、この法律を制定した。

我国での国連海洋法条約の発効を受け、沿岸域での漁業は大きく変貌した。「漁業水域に関する暫定措置法」は廃止され、「排他的経済水域における漁業等に関する主権的権利の行使等に関する法律」（ＥＺ漁業法）が制定され、新しい漁業制度がスタートした。

国連海洋法条約の発効にともない、他国の沿岸に出向いていた日本の遠洋漁業の操業水域に大きく制限が加えられたが、反面、世界的な好漁場といわれる日本の沿岸域の漁場を外国漁船による乱獲から守ることが可能となった。

また、国内法の整備が進み、海上保安庁は不法操業の疑いのある外国漁船に立ち入り検査を行なうことが認められ、漁船を使っての密航、密輸あるいは漁船を模した北朝鮮工作船などの取締りができるようになった。

日本はロシア、中国、台湾、韓国、北朝鮮、米国、フィリピンと排他的経済水域が接している。これら隣国との排他的経済水域や大陸棚の境界の画定は、国際司法裁判所の規定する国際法に基づき両国の合意により行なうこととされている。実際に利害が相反する隣国同士が境界画定の合意をすることは極めて難しいもので、国連海洋法条約の規定のように速やかには行かないようだ。

以下、領海、排他的経済水域などに関わる海事に関する用語を解説する。

基線

基線とは、領海や排他的経済水域などを定める際の基準となる線のことである。通常、基線は海岸の低潮線（最干潮時の海岸線）であり、海岸が著しく曲折しているか、又は海岸に沿って至近距離に一連の島がある場所では、適当な地点を結ぶ直線を基線（直線基線）とすることができる。日本の海岸線は複雑であるため、全国一五の海域で一六二本の直線基線が採用されている。直線基線は政令で定められている。

接続水域

基線から二四海里（四四・四五キロメートル）の幅を限度に設定される。自国の領土又は領海内における通関上、財政上、出入国管理上または衛生上に関する法令の違反を防止し、取締りや処罰をすることができる水域である。これらに関わる法令違反の取締りと処罰をすることができる。

内水

基線の内側にある水域。本来、内水は無害通行権も適用されず、沿岸国の主権が完全におよぶ範囲である。ただし、直線基線の設定により、従来内水とは見られていなかった水域では、外国船舶の無害通行権が認められる。

無害通行権
船舶は、沿岸国の利益を害さない範囲で、その領海を自由に通航しうる権利を持つ。潜水艦の潜航は、認められていない。

一〇兆円の資源が眠る大陸棚

大陸棚とは、沿岸国の領海を超えて延びる海底で、そこに眠る天然資源の開発のために主権的権利を持つ区域のことである。その限界は、沿岸の基線から二〇〇海里もしくは、陸地の自然延長としての堆積岩からなる地形が連続して延びている場合には、基線から三五〇海里、または、水深二五〇〇メートルの海底点から一〇〇海里を超えない範囲で大陸斜面脚部から六〇海里、又は大陸斜面脚部から一%以上の厚さの堆積岩が存在する最も沖合いの地点まで認められることになっている。

我国が、大陸棚を二〇〇海里を超えて確保するためには、二〇〇九年までに、地形が連続している証となるデータを収集し、国連大陸棚限界委員会に申請しなければならない。もし、日本が試算している大陸棚が認められると、新たに国土の一・七倍もの大陸棚を獲得することになる。しかし、国連に提出するために必要なデータを収集し取りま

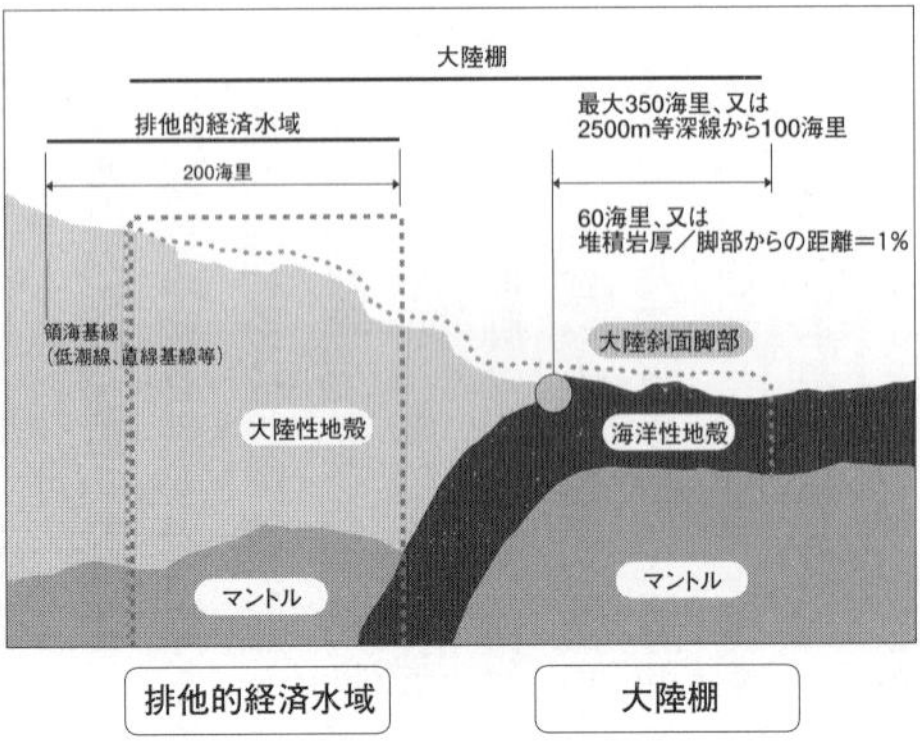

国連海洋法条約に基づく大陸棚の定義

とめるためには、およそ一〇〇〇億円の資金が必要であるとされている。海底探査船の絶対数も不足している。ロシアは、二〇〇二年に大陸棚限界委員会に書類を提出し審査を受けたが、調査データ不足により却下されてしまった。このことから、日本も綿密な調査を行なわなければならないとの危機意識を持つようになった。

　大陸棚調査がなぜ重要かというと、我国の大陸棚の海底には、時価一〇兆円を超える海底資源が埋蔵されていると言われるからである。具体的には、マンガン団塊、メタンハイドレート、コバルト・リッチ・クラストなどである。マンガン団塊には、コバルト、ニッケル、銅、マンガンなどのレアメタルと呼ばれる鉱物が含まれており、これらの鉱物は、日本の産業発展、科学技術開発にはなくてはならない資源である。また、メタンハイドレートについては、我国の天然ガス消費量の一〇〇年分のメタンがあるといわれている。資源だけでなく、深海底に生息するバクテリアもバイオテクノロジーの世界で注目されていて、食糧分野、医薬分野に多大な貢献をする可能性がある。

大陸棚に関係する省庁は数多く、内閣府、海上保安庁、資源エネルギー庁、文部科学省などが関係し、政府として一枚岩にはなり難い体制である。調査に必要な予算も各省庁からのかき集めであり、二〇〇四年度は各省庁の合計で約一五〇億円。一〇〇〇億円までは遠い道のりである。しかし、大陸棚限界委員会への提出期限は刻々と迫っている。

余談ではあるが、大陸棚に眠る資源について、ある地質学者と話す機会があった。そのとき地質学者は「おそらく大陸棚には一〇兆円相当の資源があるだろう。しかし、今の技術で、それを掘るには一〇兆円以上かかるんじゃないかな」と話していた。

海から忍び寄る脅威

近年、中国の海洋調査船が頻繁に日本の排他的経済水域内の海洋調査を行なっている。二〇〇四年には年間延べ三四回行なわれたが、その海域は主に尖閣諸島や沖ノ鳥島周辺である。

他国の排他的経済水域内での海洋調査活動をする場合には、相手国に事前に通知し、同意を得ることが必要とされている。国連海洋法条約第二四六条二項には、「排他的経済水域及び大陸棚における海洋の科学的調査は、沿岸国の同意を得て実施する」と定められているのである。中国は国際法を無視し調査を続行している。

日本沿岸海域の不穏な状況を端的に示しているのは、北朝鮮のものと思われる不審船の日本近海への侵入である。

二〇〇三年五月三一日、東京お台場にある「船の科学館」に赤錆だらけのぼろぼろの船が展示された。これは二〇〇一年一二月二二日、奄美大島近海に出没し、海上保安庁との銃撃戦の末、自爆沈没した北朝鮮の工作船である。

二〇〇二年一〇月、海上保安庁は、北朝鮮工作船の実態を解明するため、五八億円もの費用を投入し、東シナ海の海底に沈んでいたこの船を引き揚げた。

北朝鮮工作船の一般公開は、日本財団と財団法人海上保安協会により行なわれたもので、東シナ海海底から引き揚げた工作船と船内から回収された武器、通信機器、工作員の所持品などが展示された。

公開期間は、当初、二〇〇三年五月から九月までの予定であったが、見学希望者が余りにも多く、期間を二〇〇四年二月まで延長した。この工作船の見学には一六三万人が訪れ、日本に海から忍び寄る脅威を目の当たりにしていた。

日本財団がこの展示を行なった趣旨は、日本を取り囲む海で、実際に起きている状況を国民に知ってもらい、これからの日本の姿を海を通して考えてもらいたいというものであった。

来場者三〇〇〇人に対して行なったアンケート調査では、八割の人が、北朝鮮工作船の実物を見て、「海の安全」に対する認識が変わったと答えている。

北朝鮮工作船の一般公開事業は、日本の国民が自国を取り巻く海の情勢を知るきっかけになったといえるだろう。

北朝鮮工作船事件の全容

二〇〇一年一二月二二日、海上保安庁は、九州南西海域に北朝鮮の船と思われる不審な船舶がいるとの、米軍からの情報を防衛庁経由で入手し、巡視船および航空機を現場海域に急行させ同船を捕捉するための行動を開始した。

海上保安庁が同船を追尾し確認した船名は「長漁三七〇五号」。船は母港を船尾に記載

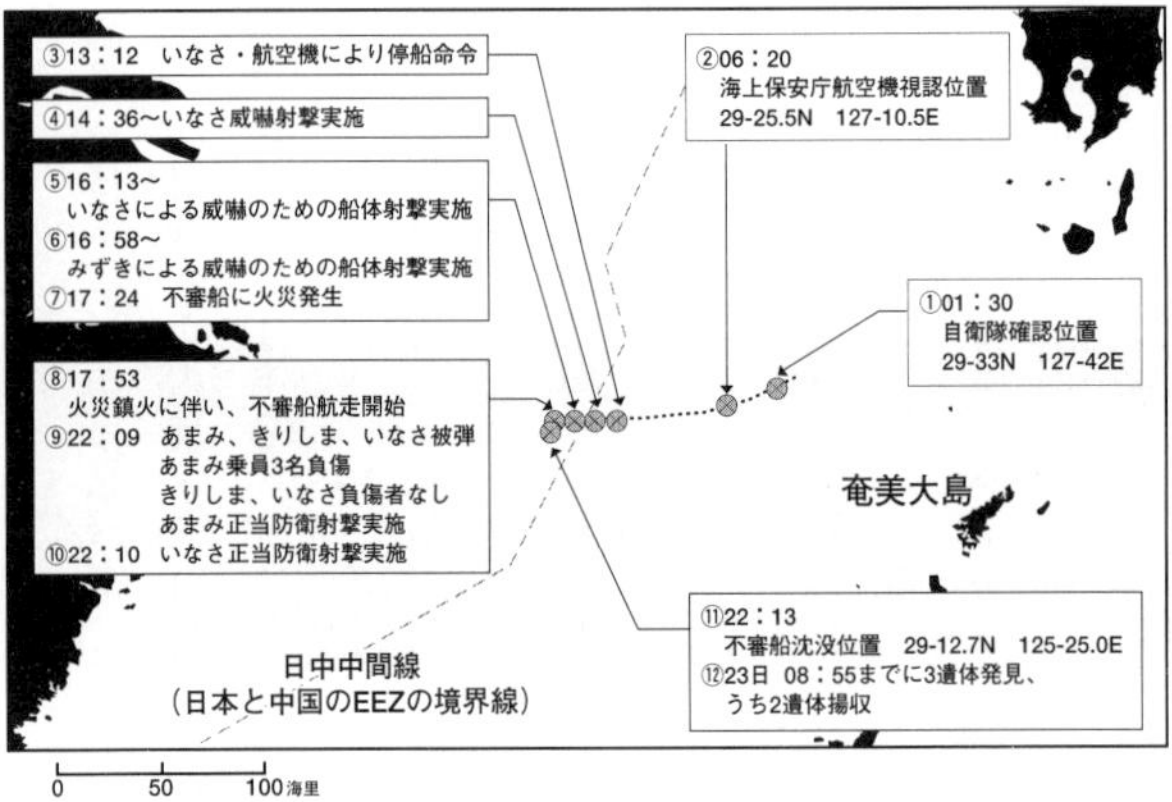

「北朝鮮工作船事件」の経過（海上保安レポート2003より）

しなければならないが、同船は、石浦という中国浙江省の港を母港としていた。同船は、中国漁船を装っていた。外国漁船が我国の排他的経済水域内で操業するためには、許可が必要である。海上保安庁は、ＥＺ漁業法（排他的経済水域における漁業等に関する主権的権利の行使等に関する法律）にもとづき、検査のための停船命令を発した。しかし、同船は命令に従わずジグザグ航行で逃走を続けたため、「検査忌避罪」により、海上保安庁は犯人逮捕の為の行動に移った。

　海上保安庁は、巡視船「いなさ」（一八一トン）、「みずき」（一九七トン）から不審船へ射撃警告後に威嚇射撃を行なった。この二隻は、ＲＦＳ（目標追尾型遠隔操縦機能付き自動照準装置）を搭載しており、ほぼ正確に狙いどおりの位置に二〇ミリ機関砲の砲弾を打ち込んでいる。相手の船体への威嚇射撃は一九四八年に海上保安庁が創設されて以来はじめてのことである。

工作船は自動小銃、ロケットランチャーなどで海上保安庁の巡視船を攻撃した。その攻撃の激しさは、海上保安大学校（広島県呉市）の資料館に保管されている巡視船「あまみ」（二四九トン）の船橋に生々しく残っている。「あまみ」は、工作船を停船させるため「きりしま」（一八四トン）と挟みこんで進路を閉ざした。その際、「あまみ」は、船橋に無数の銃弾を受け、乗員三名が負傷している。

「いなさ」は、攻撃されたことを受け海上保安法により正当防衛射撃を行なった。正当防衛射撃が開始された三分後、工作船は、突然爆発し沈没した。沈没地点は、中国の排他的経済水域内であった。国連海洋法条約では、国内で犯罪を行なった船に対しては、見失わず継続して追跡していれば、他国の排他的経済水域内でも逮捕することが認められている。

「長漁三七〇五号」は、捜査の結果、北朝鮮工作船であったこと、薬物の密輸入に関与していた疑いが強いことなどが判明している。また、同船から回収された携帯電話の通信記録には、日本の広域暴力団の電話番号が残っていた。

種類	口径（mm）	製造国	数量
ZPU-2対空機関銃	14.5	ロシア	1
PK軽機関銃	7.62	北朝鮮	1
AKS-74自動小銃	5.45	北朝鮮	4
携行型地対空ミサイル	56	ロシア	2
82mm無反動砲B-10	81.75	北朝鮮	1
ロケットランチャー	40	北朝鮮	2
手榴弾	—	不明	8

工作船から回収された主な武器

重武装した北朝鮮の工作船が日本の近海に出没していたのは事実である。そして、日本人を拉致して北朝鮮に強制的に連れ出したり、日本国内で犯罪行為をしていたことも明らかになっている。

しかし、海から忍び寄る危機に日本はどのように対処すべきなのか。具体的な対応策は現在も示されていない。

原子力潜水艦による領海侵犯

二〇〇四年一〇月、青島にある中国海軍北海艦隊の潜水艦基地を一隻の原子力潜水艦が出航したことを米軍は察知し、台湾当局とともに、その潜水艦の行動を逐一監視していた。潜水艦は、沖縄本島と宮古島の間を太平洋へ抜け、グアム島へと向かい、島の周囲をおよそ一五〇キロメートル離れながら一回りして西へと向かった。グアムは、米国第七艦隊の前方基地であり、空母キティホークの母港となっている。

中国では、一九九六年の台湾海峡危機以来、米海軍の動向に常に注意を払い、対応策を検討している。中国は台湾有事に備え、日本列島、台湾、フィリピン群島を結ぶ線を第一防衛ラインとし、伊豆諸島から小笠原諸島、マリアナ諸島へと第二防衛ラインを設定している。第二防衛ラインにおいて、どれだけ米海軍を食い止められるかが、中国の生命線であるとされ、機雷の配備、潜水艦の展開計画を策定するため、沖縄から沖ノ鳥島経由でグアムへとつながる海域の海底調査を行なっているという。以前からこの東シナ海とグアム島を結ぶ海洋ルートの調査に中国海軍が取り組んでいることは知られていた。

二〇〇四年一一月一〇日、グアム沖を離れた中国の原子力潜水艦は、潜航したままで日本の領海に侵入した。明らかに国際法に反する領海侵犯である。

海上自衛隊は、P3C哨戒機と護衛艦で追尾し、領海侵犯を確認、政府に海上警備行動の発令を要請した。しかし、発令が行なわれたのは、原子力潜水艦が宮古島と石垣島を挟む狭水道を通過し領海外に出てからのことであった。

この潜水艦は、スクリュー音の分析などから中国海軍所属の「漢《ハン》」級原子力潜水艦（水中排水量五五五〇トン）とほぼ断定されている。翌一一日、政府は、在日中国大使館に対し抗議をおこなったが、受けた中国公使からは、調査するとの答えのみで、一言の謝罪も無かった。潜水艦の領海内潜行通過は、中国の国際海洋秩序への挑戦なのか、日本が甘く見られているだけなのか、いずれにしても日本の主権が侵されたのだ。

国連海洋法条約第二〇条では、「潜水船その他の水中航行機器は、領海内においては、海面上を航行し、かつ、その旗を掲げなければならない」と定められている。潜水艦は、沿岸国の平和、秩序または安全に危機感を与えないため、領海内では、海面を浮上航行し、国旗を掲げて通航しなければならないのである。潜水艦が他国の領海を潜水航行するということは、攻撃の意図がある、もしくは、戦争状態に入ったと解釈されてもおかしくないということである。

海上警備行動は、「海の治安出動」とも言われ、発令されたのは今回で二度目である。最初の発令は、一九九九年、北朝鮮工作船と思われる不審船が、石川県能登半島沖に現れ、海上保安庁の追尾を振り切って逃げた時であった。

今回の海上警備行動発令は、対応の遅さが批判され、中国との外交関係に配慮して、領海外へ脱出するまで意図的に発令を遅らせたのではないかと指摘する新聞報道もあった。また、海上警備行動発令の公表が、発令後二時間以上たって行なわれたことも報道機関の疑念を募らせる原因となった。

隣の大国である中国との友好関係を維持することは重要なことである。しかし、日本人の生命・財産に危険を及ぼすような行為は、友好という言葉とは程遠い。反日教育を推進している昨今の中国の状況を見ていると、片思いの友好関係のように感じてしまうのは、私だけだろうか。

今回の中国原子力潜水艦の領海侵犯には、米国との軍事バランスが多大に影響している。台湾有事の際、米国はグアムに停泊している潜水艦を東シナ海へと派遣することが予想される。その時の航行ルートは、日本の沖ノ鳥島近海から、中国原潜が領海侵犯を行なった先島諸島の宮古島・石垣島付近を通過すると想定されている。

二〇〇四年一〇月、日本の海上自衛隊と米国海軍第七艦隊は沖縄周辺海域において、大規模な浅海域での対潜水艦作戦の合同訓練を行なった。これは、まさに中国原子力潜水艦が領海侵犯をした海域に近い。中国は、台湾に関わる米国海軍の動向の把握につとめ、東シナ海侵入阻止の作戦訓練を行なっていると言われ、今回の領海侵犯はその一環であるとの見方が強い。しかし、実海域における行動訓練に、スクリュー音が大きく、哨戒機に発見されやすい「漢」級原子力潜水艦を使うとは考えにくい。海軍の独走による海上示威行動であるとの見方もある。単なる日本政府への挑発か、また、日本近海で米軍と一戦を交えることを想定しての水路調査なのか、動機は未だ謎である。

原子力潜水艦の追跡にあたった自衛官は、「まるで水路を知り尽くしているようだった」と感想を述べている。実際に同潜水艦は、水深一〇〇メートルの海底を時速一〇ノット（一八・五二キロメートル）を超えるスピードで潜水航行し、さらに海中で見事な変針をしている。

事件後、数日を経てから中国政府は、今回の領海侵犯を認め、調査の結果、潜水艦の技術的問題から領海に侵入したとの報告を行ない、「遺憾」の意を示した。遺憾という言葉をどのような意味で使ったのかは定かではないが、小泉首相は、陳謝として受け止めたようである。

この潜水艦は、一一月一六日青島に帰港している。また、あいまいなまま、事件の真相は闇の中へ消えて行くのだろう。

違法な海洋調査船

二〇〇四年、日本の排他的経済水域内における中国の海洋調査船の違法な海洋調査が

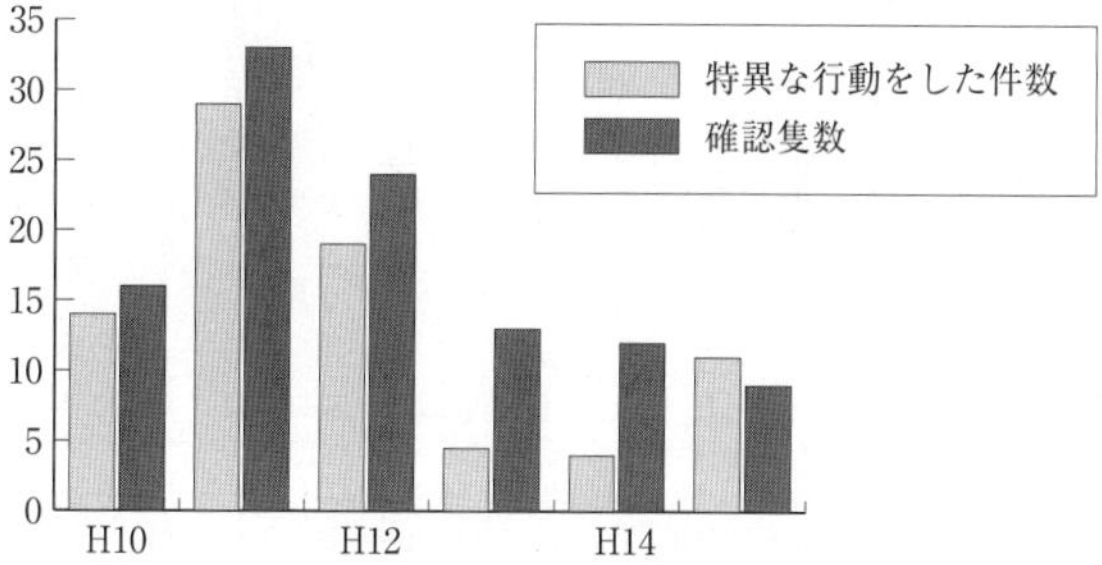

中国海洋調査船の確認状況の推移

増加している。他国の排他的経済水域内の海洋調査については、国連海洋法条約第二四六条第二項において沿岸国の同意を得て実施すると定められている。また、日中間においては、二〇〇〇年八月に行なわれた日中外相会談で、海洋調査について相互事前通告制度をとることで合意しており、船名や調査概要、調査期間、調査海域などを二ヵ月前までに通報することになっている。

しかし、中国側は、この合意を一方的に破り、国連海洋法条約に反する調査を行ない続けている。海上自衛隊では、二〇〇四年に三四件の中国海洋調査船の違法な活動を把握しているという。

中国の海洋調査船が確認された主な海域は、

①東シナ海の日中中間線から尖閣諸島周辺部
②沖縄群島から先島諸島にかけての海域
③沖ノ鳥島を基点とした日本の排他的水域

これらの調査の目的は、東シナ海の海底資源を把握するための調査と、東シナ海から太平洋へ潜水艦が通過するための航路調査であると推測されている。

二〇〇四年一二月一〇日、中国の海洋調査船「科学一号」(二五七九トン)が沖ノ鳥島南南西約三五〇キロメートルの日本の排他的経済水域内で、海中に音波を発信しながら航行しているのを海上自衛隊のP3C哨戒機が確認した。防衛庁関係者によると、「科学一号」は中国国務院の所属であるが、実際には海軍の艦艇と見られている。

報告を受けた外務省は、同日、在日中国大使館に抗議し、調査船の退去を申し入れた。しかし、度重なる外務省の抗議にも中国側は全く意に介する様子が無い。

永楽帝以来六〇〇年ぶりの中国海洋拡大政策

二〇〇五年は、鄭和《ていわ》の南海大遠征が始まった年から六〇〇年目に当たる。一四〇五年、明朝の太夫、鄭和は永楽帝の命を受け、二〇〇隻の船に分乗した二万七〇〇〇人の大艦隊を率いて東南アジア、中近東、アフリカ東岸まで達する大航海を行なった。以後、鄭和は足掛け二九年にわたり合計七回の遠征を行なっている。この遠征の真の目的は定かではないが、鄭和は、アジア各国を回り明の海軍力を誇示して朝貢を促している。明に従った国には、独立国家として存続するための庇護が行なわれた。マレー半島南西部のマラッカ王国は、アユタヤ王朝の侵攻を受けていたが、鄭和の大艦隊の軍事力によりアユタヤの圧力は排除され独立を維持することができた。後に、マラッカには、明の官廠(中間貿易のための事務所と倉庫)が置かれ、東南アジア航路の拠点となる港湾都市へと発展していった。

鄭和は明に征服された雲南地方出身の色目人(イスラム教徒)で、明軍により囚われて宦官となった。永楽帝につかえた鄭和はその才能を認められ、宦官としては最高位の大監の地位にのぼりつめた。彼は、身長一八〇センチを超える居丈夫だったという。

当時の明は、海を通じての海外との交流を一元管理する海禁政策をとり、国家による統制貿易を含めた沿岸管理を行なっていた。永楽帝は、沿岸管理のみでは飽き足らず、中華思想にもとづく世界の海洋支配を目指し、鄭和に大艦隊の船出を命じたようだ。

現代の中国は、永楽帝以来六〇〇年ぶりの海洋拡大政策をとり、七〇隻を超える潜水艦を持つなど海軍力を増強している。

また、中国は、自国の持つ大陸棚は三〇〇万平方キロメートルあると主張しているが、この面積には、南シナ海・東シナ海・黄海の沿岸二〇〇海里をすべて合わせても足りない。日本の独立系海洋シンクタンクであるシップ・アンド・オーシャン財団海洋政策研究所が国連海洋法条約に基づき試算したデータによると、中国の大陸棚は九六万四〇〇〇平方キロメートルである。実に三倍もの広さを自国が海底資源調査・開発に関する権利などを持つ大陸棚であるとしている。

中国は東シナ海に広がる自国の大陸棚を、尖閣諸島が自国の領土であるとの考えから、日本との中間線をはるかに超えた沖縄トラフまでであるとしている。東シナ海の海底にはガス油田が存在しているため強硬に主張し、無理を押し通そうとしているのである。

中国は、国連海洋法条約に対しても「中華思想」で臨むのであろうか。中国の海洋拡大政策は、日本のみならず、フィリピンやベトナムなどの隣接国にとっても脅威となっている。

東シナ海におけるエネルギー開発

中国バブルといわれるほど二〇〇〇年代に入ってからの中国の経済発展は著しい。その反面、経済を支えるエネルギー事情は逼迫している。二〇〇四年夏、世界有数の大都市として発展した上海は、エネルギー不足に悩まされ、電力供給不足は二五万キロワットにも及んだと報じられている。

中国にとってエネルギー資源の確保は、最重要課題となっている。そのため、東シナ海の海底に埋蔵されるガス、石油はのどから手が出るほどほしいのである。

一九六八年、国連アジア極東委員会（ＥＣＡＦＥ）が行なった調査により東シナ海の大陸棚に石油資源が埋蔵されていることが報告されると、急に、東シナ海上にある尖閣諸島の領有権を主張しはじめた。東シナ海の石油資源は、日中の中間線近海海底に多く、強引に自国の管轄水域を増やそうとしているのである。

中国が一九九八年に開発した「平湖ガス油田」は、日中中間線から中国側に七〇キロメートルのところにある。春暁のガス油田群はさらに近く、わずか五キロメートルしか離れていない。地下のガス油田は、日中中間線の日本側に広がっていると考えられる。二〇〇三年、中国は春暁ガス油田の開発に着手し、既に海上プラントの一部は姿を見せて多くの作業員の姿が確認されている。二〇〇五年には、実際に採掘を開始するとして、ガス油田と浙江省寧波《ニンポー》とを結ぶ海底パイプラインの敷設工事に着手している。このパイプラインで送られる天然ガスは年間二五億立方メートルの計画だという。

日本の排他的経済水域に眠る資源が、中国側からストローで吸い取られるように消え

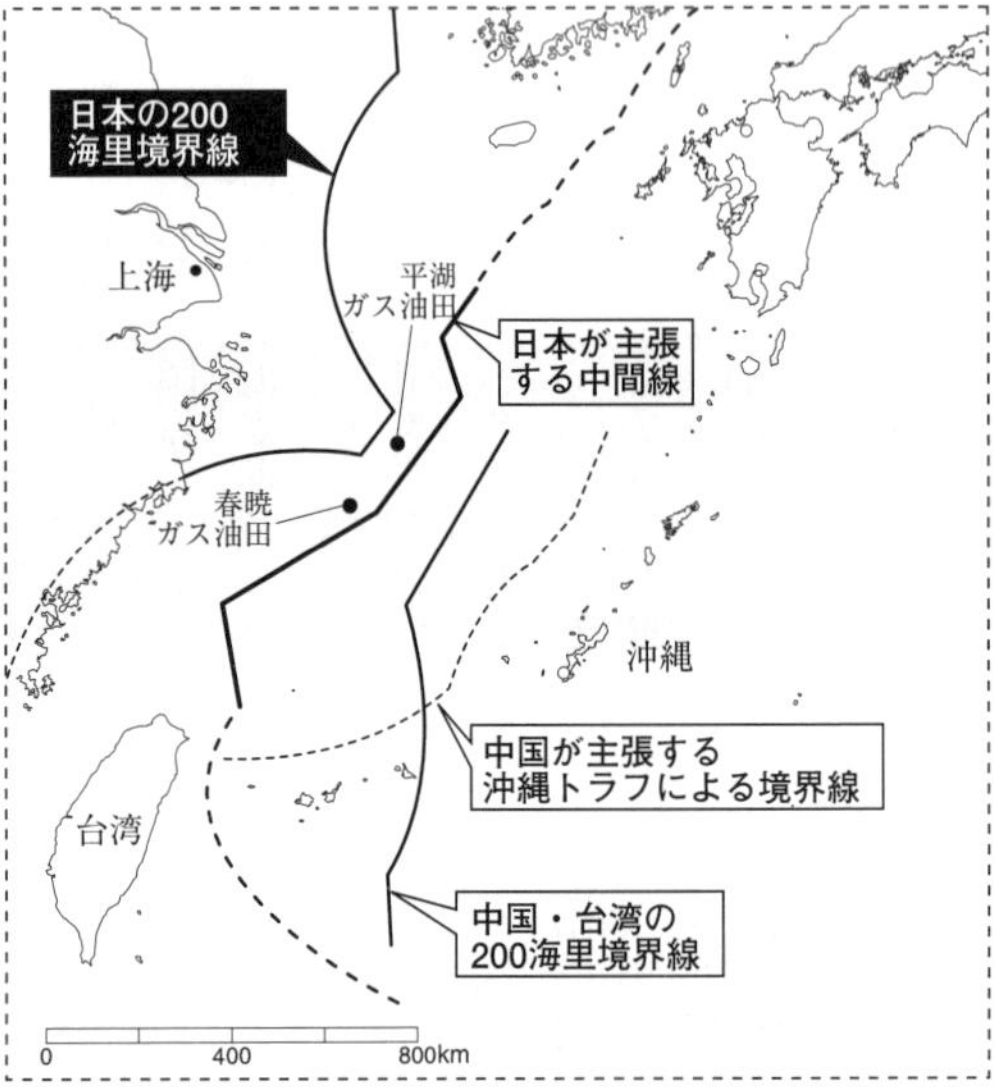

東シナ海における中国の油田開発

てしまうのである。我国外務省は、中国政府に対し抗議し、日中中間線近くのガス油田に関するデータの提供を求めたが、中国側は「この海域は中国が鉱区の権利を持っている」として取り合わない。

さらに中間線から九キロメートル離れた天外天の開発もはじめられており、五〇〇隻を超える船舶がひしめき合い作業を行なっているという。

二〇〇五年、遅まきながら我国も、海底資源調査船の建造を計画している。

海洋経済に本腰を入れる中国

中国の海洋拡大政策は経済にも及んでいる。

中国の貿易は急速に膨張し、市場経済の導入による経済の国際化が進んでいる。二〇〇二年には、米国に次ぐ世界第二位の石油消費国となり、二〇〇三年の石油消費量は二億六七〇〇万トン、原油輸入量は九二一一万トンに達している。

国際化が進む経済に携わる海運業、海運を支える造船業も活況を呈している。

中国は一大造船ブームにあり、造船量も世界のシェアの一〇%を既に超えた。日本の造船業にとって最も注意すべき競争相手は、既に造船業が成熟した韓国ではなく、安価な労働力を持ち、最新の設備を導入した中国であろう。

また、中国は、海洋拡大政策のひとつとして海事教育に力を入れている。大連と上海に海事専門大学を作り海事行政担当者や船員の養成を行なっている。大連海事大学では、日本の大学では行なっていない海洋政策学や海事経営学を教えるコースを設立し、国際的に通用する人材の育成を目指している。大連海事大学への求人倍率は三倍を超え、優秀な学生は一年次に就職が内定し、就職先企業の奨学金を受け学生生活を送る。卒業生の就職先は、世界最大の海運会社といえるデンマークのマースクシーランド社や台湾のエバーグリーン社など世界の一流海運企業である。

中国の海洋政策は侮れない。優秀な人材を国際海事機関（ＩＭＯ）などの国際機関に送り込み、海事世界の中枢に入り込みはじめた。現在、海洋におけるさまざまな分野において中国人の活躍が注目を集め始めている。しかし、残念ながら日本には海洋政策すらないのが実情である。

海国を意識した日本人・林子平

「海国とは何の謂ぞ、曰、地続の隣国無くして四方皆海に沿える国を謂う也」

この文章は、江戸中期に生きた経世家、林子平（一七三八〜一七九三）の著書「海国兵談」の自序の一文である。日本は、まさに海国ということができよう。海洋国家と呼ばれる、日本を端的に表現した名文である。この文章の後には、海国ゆえに海国相当の軍備が必要で、海防が何よりも急務であるということが全一六巻にわたり述べられている。「海国兵談」は、当時（一八世紀後半）のわが国の置かれている立場を社会学的、地理学的に分析し、近い将来、迫り来る危機を予言し、国家防衛を説いた「警告の書」である。子平は、水戦、陸戦における作戦立案から平時の操錬（軍事行動訓練）、城制、兵糧などにいたる多種多様の知識を持ち、特に西洋軍術の考えも導入し、大陸国家・中国の影響を受けた兵法を重用するのではなく、海国日本独自の戦略を持つべきであるとしている。

一七九一（寛政三）年この「海国兵談」を出版した林子平は、翌一七九二（寛政四）年、同書が、松平定信が進めていた寛政の改革における出版物取締令に抵触、人心を惑わす不逞の輩として処罰され、仙台の兄のもとに蟄居を命ぜられた。確かに、徳川家を中心に据えた幕藩体制の安定を望んだ幕府にとっては、奇想天外な子平の論調は理解不能であり、不届き者の戯言と映ったのであろう。この時、自らの手で彫った版木も没収されている。

しかし、林子平の予言は、半世紀後には現実のものとなる。巨砲を備えた異国の軍艦が浦賀沖に出没し、鎖国という二〇〇年にわたる心地よい眠りについていた日本人を大砲の音で覚醒し、混乱の渦の中へと引きずり込んだのである。

林子平、名は友直。子平の父は、岡村良通という幕府の直参で、小納戸役兼書物奉行を勤め六二〇石の禄を得ていたが、刃傷沙汰を起こし士籍を剝奪されてしまう。子平が、直情的な動きをするのは、この父の遺伝子の力であったのかもしれない。その後、一家は、叔父林従吾宅に身を寄せて暮らすこととなった。

一七五七（宝暦七）年子平一九歳の年、姉が仙台藩第六代藩主伊達宗村の側室となり、兄嘉善が仙台藩に召し抱えられることになって、仙台に移り住んだ。子平の身分は「無禄厄介」、兄に寄生する部屋住みの身であった。

元、高級武士であった子平の父は、博学であったようだ。父の影響を受け、荻生徂徠の教えを学んだ子平は、学識を深めることに強い関心を持っていた。部屋住みの身の軽さから、当時の武士としては珍しい自由な境遇で、見聞を広める旅をすることができた。一七七二（安永元）年には蝦夷地に赴いてロシアの脅威を感じ、一七七五（安永四）年、一七七七（安永六）年長崎に遊学し出島に住むオランダ商館長アーレンヘイトに出会って外国の知識を吸収している。

「海国兵談」に書かれたこと

子平は、旅行中に知った諸国の軍備、長崎で感じた海軍力の重要性などを集大成することを目指し、問題の本「海国兵談」を一七七七年に起稿、一七八六（天明六）年に脱稿した。しかし斬新で過激な主張が版元に敬遠され、自ら五年の歳月をかけて版木を彫り自費出版したのである。思い込んだらひたすら突き進む子平の気骨が感じられる。この時の出版部数は、わずか三四部。この本が、幕末期には、尊王攘夷の志士たちが競って読み、バイブルのように扱われ、復刻出版されるまでになったのである。

子平に「海国兵談」を書かせたきっかけとなったのは、おそらく「ハンベンゴロ」事件であろう。これは一七七一（明和八）年カムチャッカから日本に来航したハンガリー人ハンベンゴロ（ベニョフスキー）が、長崎オランダ商館長あてにロシアの日本攻撃計画を記した手紙を送ったという事件である。子平はこの手紙の存在を知り、ロシアの南下を外寇と捉え、早急な海防準備が必要であると説いたのである。

蟄居の刑を受けた子平は、

「親もなし　妻なし子なし　版木なし　金も無ければ　死にたくもなし」

と悲痛の叫びを歌にし、自分自身を、この句に詠う「なし、なし、なし」に由来し「六無斎」と号するようになった。

蟄居して一年がたった一七九三（寛政五）年、

「すくふべき　ちからのかひも　なかそらの　めぐみにもれて　死ぬぞ悔しき」

不遇のうち、このような人間臭の強い辞世の句を残し、冥土へと旅発っている。五六歳であった。罪人ゆえ墓を作ることも許されず、仙台にある龍雲院（仙台市青葉区子平町）に埋葬された。死後五〇年近い歳月がたった一八四一（天保一二）年赦免され、翌年、甥により同院に墓碑が立てられている。子平は、海防論を説いた儒学者・蒲生君平、尊王思想家・高山彦九郎とともに「寛政の三奇人」と呼ばれている。

鎖国により長い年月、海を忘れていた日本人に、日本が海に囲まれた海洋国家であるとはじめて諭したのは、林子平であろう。「海国兵談」の中に「細かに思へば江戸の日本橋より唐、オランダまで境なしの水路也」という文がある。現代では、当然のことであろうが、海外を文化から排除した時代、日本とヨーロッパまでが一本の「海の道」でつながっているなどと考える人は皆無であったことだろう。現状を肯定し続けなければならない為政者に理解されないのは当然のことかもしれない。日本の海を語るにあたり、林子平のあまりにも儚く切ない一生を忘れることはできない。子平の死後、時代はすぐに子平を乗り越え、明治維新を経て近代海洋国家日本の構築へと進んでいくのである。

江戸期に引かれた国境線

現代日本の国境論争には、林子平の著書が多分に影響している。子平は、朝鮮・琉球・

蝦夷と日本との地理的関係、風俗、気候などを地図五枚と解説書一冊にまとめ「三国通覧図説」として刊行している。五校の地図は、一七八五（天明五）年、解説書は、翌一七八六（天明六）年に完成した。この「三国通覧図説」も寛政の改革により発禁とされた。

「三国通覧図説」は、功罪併せ持つ書物である。同書の記載が国際的に取り上げられ、国境線の位置を確定する資料とされた。その結果、日本の領土とする根拠として有利な地域、不利となってしまった地域があらわれてきた。

有利となった地域としてあげられるものは、小笠原であり、「三国通覧図説」に小笠原諸島図が入っていたことによる。「三国通覧図説」は、西洋に渡り翻訳されている。鎖国日本の情報は、西洋においてとても少なかったため、子平の図が重宝され、ヨーロッパで発行された幾つかの地図に転用され、小笠原諸島が日本領の「無人島《ブニン》」と記載されていたのである。幕末にアメリカ、イギリスなどの国が小笠原の領有を考えた時、この地図の存在が、日本の固有の領土である決め手となった。

江戸末期に活躍した薩摩藩主島津斉彬が愛用していた地球儀には、小笠原諸島は、無人島と記載され日本領土であることが示されている。この地球儀は、薩摩藩に関係した文物を展示している博物館、尚古集成館（鹿児島市）で見ることができる。

この地図により不利となっている地域は尖閣諸島である。琉球図の中に書き込まれている尖閣諸島を、中国領である地域と同じ朱色にぬってしまったのである。このことを、尖閣諸島が中国領であるという主張の歴史的根拠とする学者がいる。

子平は、実地踏査して「三国通覧図説」を書いたのではない。長崎で聞きかじった情報、既に発行されていた他の地図などをベースに自分なりに作りあげた、日本の地理想像図なのである。子平が、ただ人の世を乱す悪人とされた理由のひとつに、この図の杜撰さがあげられている。幕府は、「三国通覧図説」を「地理相違之絵図」と決め付けていた。

当時、幕府は琉球に関する地図を持っていたが、その図と子平の描いた図は、あまりにもかけ離れていた。備中の地理学者・古川古松軒は、「林子平自国の地理すら知らず況や遠き夷国においてをや」と子平の図を真っ向から否定している。千島・樺太の探検で名を馳せた最上徳内（一七五四～一八三六）も子平批判派であったようだ。実際に蝦夷地を踏破した徳内からみると、子平の地図は、あまりにも事実と相違しており、実践主義の当時の学者にとって、「三国通覧図説」は、地図と呼べるものではなかった。現在、

「三国通覧図説」を見ると、確かに琉球や蝦夷地は実際とはかけ離れた形状をしており、小笠原諸島もだいぶ大きめに描かれている。台湾は、中国広東省の真横で、沖縄本島より小さく描かれ、全体的に沖縄本島をはじめとする島々は、実際より誇張され大きく描かれている。しかし、琉球図に書かれている九州の薩摩半島など、一部正確な記載がされているところもある。見聞きした情報だけで日本の近海の地図を書き上げてしまったのだから、子平の想像力・行動力には敬服する。当時得ることができた情報量からすると、かなり奮闘したものと考えられる。「三国通覧図説」にも思い込んだら一途な林子平の姿を垣間見ることができよう。

ただ、現代人が、この図をもとに現在の国境を議論するのは、滑稽なことである。全体的な形状は、現実とあまりにもかけ離れている。聞きかじりの集大成の「絵」に国民の未来永劫にわたる利益を委ねるわけにはいかない。

江戸時代、人も住めず、米も取れない絶海の孤島にどれだけ関心を持つことができただろうか。幕藩体制において、年貢に相当する米、あるいは魚介類を産することが無いような土地は、領土的野心の対象とはされていなかった。当時の琉球の置かれていた立場を考えると尖閣諸島に関するどれだけの情報があったのかも怪しいものである。

恐らく、子平自身も尖閣諸島の存在意義を考えることなどなく、ただ地図に書き込んでいたのだろう。

ただ、林子平の国を思う気持ちに偽りは無かったはず。現在も「海国兵談」や「三国通覧図説」に書かれている、近隣諸国との間での海洋をめぐる対立が起こっている。日本は今まで自国の意思を毅然とした態度で示すことがなく、問題をより深刻にしてしまったようだ。次世代の日本人のためにも海国としての国益を真剣に考え、早急に対応しなければ手遅れになる。

第二章　日本の国境を行く

沖ノ鳥島

日本唯一の熱帯気候

東京から南へ約一七三〇キロメートル。太平洋上に浮かぶ沖ノ鳥島は、日本の最南端である。北緯二〇度二五分、東経一三六度〇四分。北回帰線（北緯二三度二七分）より南にあり日本で唯一熱帯気候に属する場所である。ハワイのホノルルやベトナムのハノイよりも南に位置する島が日本の領土にあることはあまり知られていない。しかも東京都の一部である。この島は、九州・パラオ海嶺上にある海山で、その頂上にサンゴ礁が発達した急峻な地形の孤立した環礁である。海中断面は、富士山とほぼ同じような形を

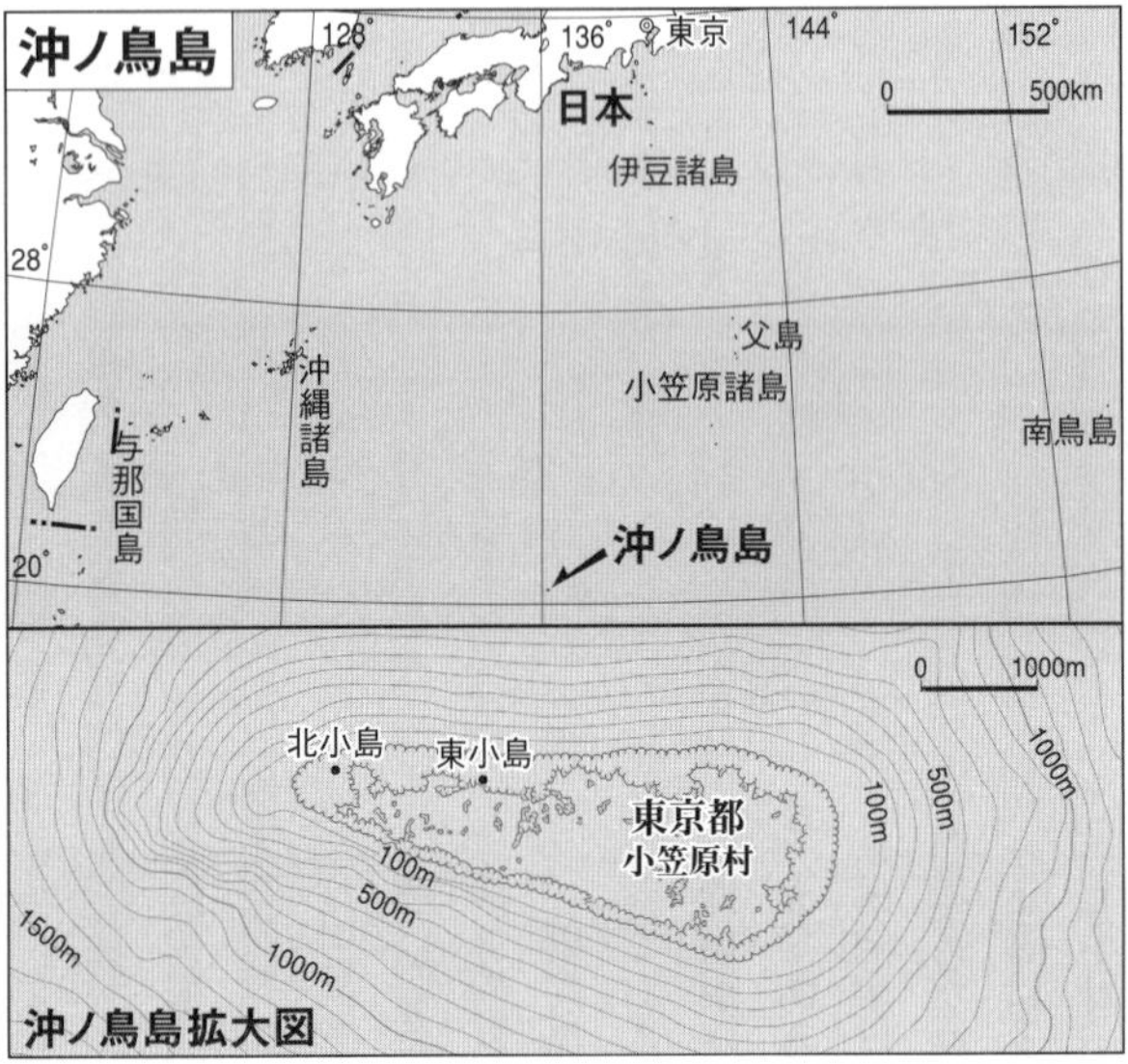

していて、頂上から円錐状に急激に深く落ち込んでいるため、島から一〇キロメートルほど離れると水深四〇〇〇メートルもの深さになるところもある。

沖ノ鳥島は、東西約四・五キロメートル、南北一・七キロメートル、周囲約一〇キロメートルのサンゴでできたなすび型の環礁に囲まれ、北小島と東小島と呼ばれる二つの「島」から構成されている。以前は、北露岩、東露岩と呼ばれていたもので、高潮時（満潮のなかでも一番潮が高い時）には、北小島は一六センチ、東小島は六センチだけ水面上に頭を

沖ノ鳥島全景（海上保安庁提供）

出すとても小さな島である。

国連海洋法条約第一二一条第一項では、「島とは、自然に形成された陸地であって、水に囲まれ、高潮時においても水面上にあるものをいう」と定められている。沖ノ鳥島は、国際法の規定による「島」の要素を十分に充たしているのである。

沖ノ鳥島は、れっきとした地籍を持ち、北小島が、東京都小笠原村沖ノ鳥島一番地、東小島が二番地である。郵便が届いたという話を聞いたことは無いが、本籍を沖ノ鳥島に置いている人はいるそうである。二〇〇四年一一月、東京都の石原慎太郎知事は、沖ノ鳥島の有効利用を東京都としても考えたいと発言し、一二月には沖ノ鳥島海域で都主導による漁業活動を開始すると発表した。

北小島、東小島合わせてもわずか二坪ほどの土地であり、この土地の管理者は、国土交通省京浜河川事務所である。なぜ、河川事務所かというと、政府内における日本の海岸線の護岸整備と管理の所掌は、河川局海岸室が行なうことになっているからである。

沖ノ鳥島は、一五四三年にスペイン人ベルナンド・デ・ラ・トーレがサンファアン号に乗り発見したという説がある。トーレがこの島につけた名前は、「アブレオジョス」（目を開いて見よ）である。よく見ていないと暗礁に座礁してしまう、それほど小さい島という意味だろう。しかし、「アブレオジョス」が沖ノ鳥島であると言うことには、異論が多い。どうも現在の小笠原諸島あたりの島だったようだ。

一五六五年、スペインの初代フィリピン総督ミゲル・ロペス・デ・レガスピが指揮する艦隊が日本の南方海上で岩礁を発見し「パレセベラ」（帆を揚げよ）と名付けた。岩礁の形が帆船の形状に見えたのだろう。一七世紀のスペインの海図には、日本の南東海上に「パレセベラ」という島の名前が記載されている。

シーボルトの著書「日本」には、一七八九年九月一五日、イギリス人ウイリアム・ダグラスがハワイ諸島から中国へ向け航行中、北緯二〇度三七分、東経一三六度一〇分に長さ約五マイルほどの岩礁を発見したことが書かれている。この岩礁は、発見者の名にちなみ、「ダグラス礁」と呼ばれるようになった。「ダグラス礁」は、位置的にも大きさとしても沖ノ鳥島と断定できよう。

「パレセベラ」「ダグラス礁」は、ともに沖ノ鳥島の別称として今も使われている。

日本人が初めてこの島を調査したのは一九二二（大正一一）年のことである。この調査は海軍水路部（現・海上保安庁海洋情報部）により行なわれ、「ダグラス礁」として海図に書き込まれた。そして、第一次世界大戦後の一九三一（昭和六）年、南洋群島委任統治とともに日本領となった。第二次大戦後は、アメリカ合衆国の信託統治下に置かれたが、一九六八年小笠原とともに日本に返還されている。

広大な排他的経済水域を持つサンゴの小島

沖ノ鳥島を起点とした日本の排他的経済水域は、約四〇万平方キロメートルにもおよぶ。これは、日本全体の排他的経済水域の約一〇％に相当し、日本の国土（三八万平方キロメートル）以上の面積である。この沖ノ鳥島近海の海底には、ニッケル、マンガン、コバルト、銅などを含む金属鉱がかなりの量存在することが判明している。

時おり春の気配を感じる二月の下旬、私たちが「まだ早いかな」などと思いながら魚屋の店先で手を伸ばす初鰹は、沖ノ鳥島排他的経済水域内で獲れたものであることが多い。また、日本人の大好きなマグロの産卵場所は、沖ノ鳥島・フィリピン・沖縄を結んだ三角線の中にあるとされている。沖ノ鳥島沖で生まれたマグロは、黒潮にのって北上し三陸沖あたりで釣り上げられ最高級近海マグロとして東京・築地でせりにかけられるのである。

沖ノ鳥島は小さな島であるが、資源の少ない日本にとって、貴重な海洋権益をもたらす大きな海を持つ島なのである。

沖ノ鳥島付近の自然条件は極めて厳しい。太平洋上で発生する台風の多くは、沖ノ鳥島近海を通過し日本へとやってくる。台風が通過する時には、高さ一七メートルにもなる荒波が容赦なくこの小島を襲うのである。サンゴ礁でできている島は、とてもデリケートである。一九三〇年には、六つの露岩の存在が記録され、一九五二年には、五つの露岩が確認されている。しかし、一九八七年には、北小島、東小島の二つを残すだけとなってしまった。荒波により、砕けてしまったか、折れてしまったのだろう。

一九八七年建設省（現・国土交通省）は、この二つの貴重な島を守るために鉄製の消波ブロックとコンクリートなどによる保全工事を行なった。そして直径五〇メートルほ

東小島のチタン製ネット（日本財団提供）

どのコンクリートでできた護岸でぐるりと小さな島を囲んだ。護岸には横に水路が作られていて、島が海水と接するように作られている。国連海洋法条約による「水に囲まれ」という条件を充たすためである。総工費約二八五億円。南の海の真ん中で、海洋権益をかけて実施された、足掛け七年にわたる一大土木工事であった。

しかし、一〇年もたたないうちに、厳しい気象条件によってコンクリート護岸の劣化が激しくなった。また、台風の被害で東小島の一部が破損したこともあり、一九九九年大規模な改修工事が行なわれた。東小島には、八億円もする高価なチタン製のネットが被せられ、丁重に守られるようになった。この時、海岸法が改正され管理者が東京都から国の直轄へとバトンタッチされている。国家権益を考慮しての判断である。コンクリート製護岸の維持のために年間およそ二億円の経費が掛けられている。

沖ノ鳥島にはこの二つの小島のほか、観測所基盤といわれるコンクリートブロックを積み重ねた土台がある。これは一九三九（昭和一四）年から一九四一（昭和一六）年にかけて日本帝国海軍が灯台および気象観測所の建設を目指して工事を行なった痕跡である。海底に割石を敷き、その上に、重量一〇トンのコンクリートブロックを五〇〇個ほど四段に積み上げて作られている。しかし、この工事は、太平洋戦争の進行により、中断されたまま、現在にいたっている。国土交通省では二〇〇五年にこの観測基盤の補修を行ない、ヘリポートをつくる計画をたてている。

リーフの中には、一九八八年に旧建設省により建てられたやぐら組みの観測施設がある。現在では、腐食が激しく登ることも危険な状態であるが、現在も気象・海象観測などが小さな規模で行なわれている。

「島」か「岩」か

日本財団では、排他的経済水域を日本の「海」と位置づけ、未来に引き継げる国民の財産だと考えている。ところが今、沖ノ鳥島近海の国民の財産、四〇万平方キロメートルの排他的経済水域が、危機に瀕している。事の発端は、二〇〇四年四月、日中事務レベル協議の場で、中国外務省担当者が、「沖ノ鳥島は、国連海洋法条約第一二一条三項でいう『岩』であり、排他的経済水域を有しない」と発言したことによる。「岩」では、排他的経済水域が認められない。日本政府は「島」と言い張っているものの、どこか心細いところがある。国連海洋法条約によると島として認められるためには、人が住んでいるか、経済生活が必要なのである。経済生活とはなにかという定義は、条約上は言及されていない。世界的に見るとアホウドリの糞を集めて肥料として売るだけでも「島」を支える経済生活とされている。単に経済的活動と解釈することが一般的である。

問題は沖ノ鳥島で行なわれている幾つかの科学的実験が、経済活動と言えるかどうかである。

国土交通省が発行しているパンフレット「日本最南端の島　沖ノ鳥島の保全」には、次のように記載されている。

「沖ノ鳥島では、島の保全対策や今後の利活用検討のため、基礎的な調査・観測が行われています。また、沖ノ鳥島は我が国唯一の熱帯気候であるとともに、太平洋上の孤島で、島としても陸地の影響をほとんど受けないという特色を活かし、日本のみならず国際的にも意義ある防災・学術の観点から様々な実験が実施されています」

例として、

「耐久性試験」塗装・コンクリートおよび金属材料の耐久性試験
「生物調査」魚類やサンゴなどの生物調査
「気象・海象観測」気温や水温、潮位や波高などの気象・海象観測

が行なわれているとしている。

国土交通省による沖ノ鳥島での調査・観測活動の考え方は的を射たものである。しかし、問題なのは、活動頻度と研究成果である。残念ながら沖ノ鳥島での調査・観測活動はあまり知られていない。日本国民でさえ知らない活動について中国に理解を求めても無理な注文である。

早急に国際的に「島」としての要件を満たす経済生活とは何かを確認しなければならない。経済生活の内容が、調査・観測活動ならば堂々とその成果を公表しなければならないのだ。

島の要件を満たすために

二〇〇四年一一月二四日午後三時。沖縄県那覇市にある泊港から、貨客船「だいとう」（六九九トン）が沖ノ鳥島へ向け出航した。乗船しているのは、日本財団の呼びかけで集まった学者・有識者・報道関係者からなる沖ノ鳥島民間調査団一行四五名である。

日本財団では、民間の立場から、沖ノ鳥島が島として認知されるための有効利用策を提言する目的で、今回の調査団を組織した。

「領土の保全や島の有効活用を議論するきっかけを作りたい」という趣旨である。

調査団は、

国際法学者である東洋英和女学院大学の栗林忠男教授
サンゴ礁学の第一人者・阿嘉島臨海研究所の大森信所長
海洋温度差発電の研究を行なっている佐賀大海洋エネルギー研究所の池上康弘副所長
海岸地形学の東京大学大学院理学系研究科地球惑星科学専攻の茅根創助教授

その他、海洋安全保障、海洋データ研究、水質研究、海洋工学、海藻、水流、観光、建築、航行安全、ダイビングなど多領域に亘る専門家一八名と報道関係者二三名および事務局で構成された。各分野の第一人者が集まり、それぞれの立場から沖ノ鳥島の有効利用を提案する第一段階として今回の調査が企画されたのである。

海洋研究者でさえ実物の沖ノ鳥島を見た人はほとんどいない。「百聞は一見に如かず」とにかく一度実際に沖ノ鳥島の実物を見てそれぞれの分野における研究テーマを抽出し、有効利用のアイデアを求めようというのである。

南海を行く貨客船「だいとう」

調査団が使用した貨客船「だいとう」は、第三セクターの大東海運㈱が所有し、普段は、那覇と北大東島、南大東島（沖縄県）を結ぶ航路を片道一六時間で運行している。「だいとう」の高良誠船長（三二歳）をはじめとした一四名の乗組員にとっても沖ノ鳥島への航海は初めてであり、五日間にわたり乗客を乗せる航海も経験がなかった。

そのため、「だいとう」側の受け入れ準備も大変であった。那覇―大東島間はおよそ三九二キロメートル。今回の航海は、その三倍の一〇八〇キロメートルである。しかも、航海中、寄港する港も無い。

万一エンジントラブルが起きた場合などを想定して、無線も遠距離まで通信可能なものをレンタルした。また調査団員四五名と乗組員一四名、合わせて五九名の給食のため、引退していた司厨員（調理師）に依頼して、この航海期間中乗船してもらい、五日分の食料は冷蔵コンテナに積み込み保管した。

一番問題だったのは、往復二一六〇キロメートルにおよぶ未知の海を行く、航海計画の作成だった。こまめに気象状況を確認しながら、航海計画を考えた。一一月の後半だというのに台風が二五号、二六号と立て続けにフィリピン付近で発生し、今回の航海中海上に強いうねりがあることが予想された。

出航当日、天気は晴れたが、南東の風がやや強く波の高さは三メートルと、海に慣れない研究者や報道関係者たちにとってはかなり厳しい状況で、前途多難な航海の始まりとなった。午後二時三〇分、泊港の岸壁にて、運輸関係者や地元報道関係者が出席して出航式が行なわれ、午後三時出航。一路、沖ノ鳥島へと向かった。

今回の調査団において、私は、事務局長として乗船し、研究・航海計画全般の段取り役の任務を行なった。

出航後一時間が過ぎ、沖縄本島の最南端・喜屋武《きやん》岬を越え、南東に向かい針路をとる頃から、海は本格的に荒れはじめた。航海中の最大波高は六メートルに達し、風速は常時毎秒一〇メートル以上であった。調査団員は、直ぐに蚕棚式のベッドにもぐり込み、以後めったに顔を合わせない人も多かった。船は、沖ノ鳥島に着くまで波に翻弄されながら揺れ続けた。

今回の調査団長は、日本財団の長光正純常務理事。長光団長は、元海上保安庁次長であり、さすがに海には強く、日が暮れると泡盛の注がれたグラスをなめながら、数少ない船酔いをしない人々と意見交換に花を咲かせていた。

一方、事務局長はというと、横に寝転がったままでなければ、スタッフとの打ち合わせもできない体たらく。食事をとることが精一杯という無様な有様であった。ほんとうに長い長い航海であった。

沖ノ鳥島の土を踏む

「だいとう」は、強い風と波の影響を受け、三八時間の航海の予定が、六時間遅れのスケジュールで航行した。

沖ノ鳥島まであと一五海里（二七・七八キロメートル）付近で、レーダーに大型船を示す画像が映し出された。大型船は、徐々に「だいとう」に近づき、五海里ほどの距離のところで、双眼鏡の中に白い流線型の船影を確認することができた。日本の海上保安庁の巡視船である。荒海を越えてきた「だいとう」に乗る我々にとって、日本の巡視船の姿は、本当に頼もしく映った。

巡視船と「だいとう」は、沖ノ鳥島近海まで並走して走った。二船の距離が近づいたので、船舶無線で呼びかけたところ、第一〇管区海上保安本部所属のヘリコプター搭載型巡視船「はやと」（三二三一総トン）であることが判明した。近年、海上保安庁では、沖ノ鳥島近海の哨戒活動も必須業務となっている。「はやと」は、我々民間調査団が沖ノ鳥島上陸中、たえず少し距離を置いて見守っていてくれた。

一一月二六日、午前一〇時三〇分頃、南方の水平線上に小さなやぐらのようなものが見えてきた。沖ノ鳥島の観測施設である。到着が近いことが知らされ、甲板に出ていた調査団員たちから歓声が上がった。船が島に近づいてゆくと、白い波が高くたっている場所が見えてきた。白い波の線は、濃い青い海の中に数キロメートルにわたってつながり、その中に碧色のサンゴ礁の海を見ることができた。そして、環礁の中に、北小島と東小島を囲むコンクリートの護岸と観測基盤が確認された。絶海の孤島の姿は、あまりにも小さく、それがかえって広大な排他的経済水域をもつこの島の重要性を際立たせた。

本船が到着後、調査団は満潮時に合わせて小型ボートに乗り環礁の中に進入し、東小

沖ノ鳥島上、奥は観測所基盤（海上保安庁提供）

島に上陸する計画となっていた。

環礁内へは、端艇路と呼ばれる幅一〇メートル、深さ六メートルの人工的に作られたサンゴ礁の切れ込みの水路を通らなければ入れない。しかし、端艇路は、潮流が極めて早く、満ち潮から引き潮へ、引き潮から満ち潮へと変わるため一瞬潮が止まる時でなければ環礁内へ入ることは不可能に近い。

調査団は、船が遅れたため、満潮時の進入を諦め干潮時の進入へと計画を変更した。

日本財団で用意した上陸用ボートは、合わせて九隻。一・五トン漁船型一隻、ゴムボート六隻、水上バイク二隻である。沖ノ鳥島近海の波が予想以上に高く、潮流が早かったことから上陸にはゴムボートのうちエンジンの馬力が強い三隻を使い、水上バイクは警備・救難用として海上で待機させた。

上陸艇の数も限られ、滞在できる時間も短くなったため、上陸は選抜したメンバーで実施することとなった。

上陸に先立ち、「だいとう」の乗組員が、端艇路を探しブイを打つため小型ボートで環礁に近づいたが、波が高くうねりがあり、しかも潮流が早く三ノットほどあったため、環礁への接近を断念し、本船へと引き返した。母船「だいとう」内では、ため息がもれた。船員としては、航海中は乗船客の安全が第一であり、波が高く、しかも海底に暗礁がある海に小型ボートを出すことが認められないのは当然の判断である。

しかし、一〇〇〇キロメートル以上も荒海を越えてきたのだから、簡単に諦める訳にはいかない。私は、事務局長として、最も端艇路が判明しやすい干潮時に、再度、安全を確認しブイ打ちにトライすることを「だいとう」の乗組員に依頼した。

結局、責任上、団長と私がブイ打ち作業にあたることになり、操船係の「だいとう」の甲板長とともに小型ボートに乗り環礁へと近づいた。波の高さは、二メートル。小型艇にとっては大きな波である。正直言って「怖い」と思った瞬間もあったが、環礁に近づくと白波が消え黒ずんで見える端艇路がはっきりと目視できた。我々は、意を決して三角波が立つ端艇路に突っ込み、全身びしょぬれになりながら、ブイを打つことができた。

小型ボートから「だいとう」の船長に上陸艇の準備を無線で依頼。母船で待機していた他の団員たちは三隻のゴムボートに分乗し、ブイを目印に東小島へと向かい環礁内に入った。一一月というのに気温三〇度、水温二八度。熱帯の暑さである。しかし、大海を吹き過ぎる風は心地よい。全員がライフジャケットを着用し、ゴムボートの命綱を握りしめ、ボートと共に跳ぶように進んでいった。

三隻のゴムボートは、それぞれ母船と東小島の間を三往復し、波にもまれながら調査団員を運んだ。

結果的に、東小島のコンクリート護岸に上陸したのは三一名。上陸時間は、延べ三時間ほどの短時間であったが、栗林教授をはじめ主だった研究者たちは、寸暇を惜しみ精力的に島の周囲や海中の様子を視察し、海水や藻類のサンプルの採取を行なうことができた。

標高九〇センチの東小島

東小島は、標高九〇センチ、高潮時には、六センチしか海面上に現れない小さな島だ。

調査団が訪れたときはちょうど干潮で、コンクリートの護岸に囲まれ、チタン製のネット状のカバーの下に周囲二メートルほどの島を見ることができた。

東小島は、サンゴ石灰岩および有孔虫石灰岩らしい硬質な岩石で構成されている。ようは、サンゴの塊である。表面にはウニや貝類による食害の形跡が残されている。通常サンゴの塊は、本来水面下にしか現れない。サンゴは、常時水中になければ成育しないからである。そのため、今までは大きなサンゴの塊が、台風級の波で動かされ標高の高い場所に止まって定着したものではないかと考えられていた。しかし、今回の調査団に参加した茅根東大大学院助教授は、「現物を見るまでは、サンゴ礁の折れた塊が台風などで高地に移動したと思っていたが、削残された茸状岩である。六〇〇〇年ほど前の地球の気温が高く海面が今より二〜三メートル高かった頃に成育したサンゴ礁であると思う。その確率は七割ほどである」と述べていた。

実際に東小島の現物を見ると、四〇万平方キロメートルの排他的経済水域を持つ島にしては、頼りない感じを受けた。コンクリートの護岸に守られていなければ今にも砕け散ってしまいそうである。実際に東小島では、護岸のコンクリートブロックが強い波で壊され、その破片がぶつかり露岩が破損してしまったことがあった。そのため、チタン

東小島内で調査する池上康弘氏

製のカバーで擁護されているのである。

沖ノ鳥島の環礁内の潮流は予想以上に早かった。この潮流を利用し、サンゴのかけらや砂・石が自然と集まる吹き溜まりのような場所を作ることで、陸地が再生される可能性が強い。実際に東小島護岸周辺にも海底に砂がたまり始めている場所がある。二〇〇四年、沖縄県の南大東島では、台風により一夜にして砂浜があらわれた事がある。この砂浜は、ひと月ほどで自然に姿を消したが、自然に発生した陸地を護岸工事で保護することは可能である。この場合も「島」として認められるようだ。

東小島は、地質学的に言えば「岩」である。しかし、この地質学上の岩が、国際法上の「島」であることを確かにしなければならない。それが、沖ノ鳥島民間調査団の第一の目的である。

東小島のコンクリート護岸の上で、調査団員は、さまざまな思いを持ち、将来の研究課題のヒントを得たようだった。

「だいとう」の帰路の航海は、往路に比べると風もおさまり穏やかであった。無事に調査を行なうことができたため船内は和やかなムードで、それぞれの専門分野間の情報交換の場となり、早くも次回の調査活動の話題に花が咲いていた。

一一月二八日、朝焼けを背に受けながら「だいとう」は沖縄本島に向かい、午前八時三〇分、無事に那覇の泊港に帰港することができた。

四泊五日の船旅、長いようで短くもあった沖ノ鳥島調査紀行の顛末である。

島の有効利用策

沖ノ鳥島民間調査団に参加した研究者たちの意見を紹介すると、

栗林教授「国連海洋法条約の島とは、可能性を含めて、人が住めるか経済生活の出来る場所であり、沖ノ鳥島は十分に島に値する」

大森氏「沖ノ鳥島の環礁内に生息する海中生物は、限定されているようだ。環礁によって外洋と隔離されているため、外からの新しい生物の流入や、栄養分の供給が少ない。サンゴの状況も決して良いとは言えない。また、通常、ナマコとヒトデは同じ場所に生息しているが、沖ノ鳥島にはナマコは多いがヒトデはいないなど特徴的なことがある。今回の調査は、東小島周辺だけであったので、今後は環礁全体の調査を行ない、沖ノ鳥島全体の生態系を解明したい。サンゴの幼生やかけらを島の外へ出さないようにすれば、サンゴ礁の再生も十分期待できる。今後の研究が楽しみなフィールドである」

池上佐賀大助教授「沖ノ鳥島近海の海底は、急激に落ち込んでおり、海洋深層水や海洋温度差発電の研究場所としては、極めて適している。海洋温度差発電を行なうには、水深が六〇〇メートルほど必要であるが、沖ノ鳥島では環礁から一〇〇メートルも離れれば、必要な水深が確保できる。陸地からの距離が近ければ近いほど、開発コストを抑えることができる。リーズナブルな形での海洋温度差発電の開発を是非研究したい。沖ノ鳥島で行なわれるさまざまな研究や開発にかかる電源を海洋温度差発電に依存することも可能になるだろう」

ほかにも、

「海が好きな人ならば誰しも行なってみたくなる島だ。ダイビングやエコツーリズムとクルージングを合わせた観光も魅力的。船でしか行けない島でしかもリーフの中に入れる人数が限られるため、一度に多くの観光客が押し寄せることが無いので環境保護にも問題は無い」

「台風の発生源の近くでもあり、今後の異常気象、地球温暖化による海面上昇などに備え、本格的な気象・海象研究施設を作るべきだ」

「メガフロートを置き、小型飛行場を設置したらどうか。自衛隊や海上保安庁の国境警備に役立つのではないか」

「陸域から遠く離れた太平洋上にあり、人が住む島も近くには無い。現在、注目されている海面の二酸化炭素の量や吸収状況を把握する絶好の観測地点である」

など、調査団員は、口々に様々な意見を述べていた。

いずれにしても、わずか半日の調査では、今後の研究計画の基礎となる初歩の情報しか得ることはできない。日本財団による沖ノ鳥島民間調査団は、今後、本格的な調査を行なうための第一歩を踏み出す契機となる活動であった。

生命線ともなる重要航路

沖ノ鳥島の排他的経済水域確保だけでなく、沖ノ鳥島周辺海域の航行安全維持も重要な課題である。

㈳日本海難防止協会の調査によると、沖ノ鳥島から半径六〇海里以内の海域を航行する外航船舶は、年間約一〇〇〇隻と推定されている。

オーストラリア北西岸及びニュージーランドから、日本の太平洋沿岸の工業地帯へ至る鉄鉱石運搬船の航路になっている。年間約七七〇万トン（二〇〇二年）の鉄鉱石が、沖ノ鳥島周辺海域を経由して我国に輸入されているのである。これは我国の鉄鉱石輸入量（一億二六〇〇万トン）の六％に相当する。また、オーストラリア東岸から中国地方や九州沿岸部に至る石炭運搬船の航路でもある。沖ノ鳥島周辺海域を通過する石炭は、年間約一六七〇万トン。石炭輸入量（一億五八〇〇万トン）の一一％にも上る。同様にボーキサイト、ニッケル、マンガン鉱などの鉱物資源を運搬する貨物船もこの海域を航行している。沖ノ鳥島周辺海域は、日本の鉱物資源輸入の重要航路なのである。

以上のように沖ノ鳥島は、重要航路内にある。満潮時には、沖ノ鳥島を囲む環礁が暗礁となる。中国漁船が暗礁に乗り上げた例もある。現在、沖ノ鳥島には船の航行を守る灯台が無い。「沖ノ鳥島付近を航行する船舶は少ないから、灯台は設置していない」というのが当局の見解らしい。しかし、これは本末転倒の話である。昔から沖ノ鳥島の環礁は知られていて、船舶は危険回避のため沖ノ鳥島から離れて航行しているのである。

知人である外航船の船長に聞いてみたところ、「沖ノ鳥島に灯台があれば当然利用する。暗礁がある海域などわざわざ通航しない。今は灯台が無いから離れて通過しているだけ。本当は、最短距離を通りたいが安全第一だよ」との答えだった。

航海者にとって沖ノ鳥島は、航路上の障害物以外の何ものでもない。しかし、沖ノ鳥島に灯台もしくはマイクロ波無線標識局などの航行安全施設を置けば、北西太平洋航路の重要な目標物となることが考えられる。

今回の調査団に参加した日本海難防止協会の大貫伸主任研究員は、「沖ノ鳥島に灯台などの航路標識を整備することは、比較的短時間で可能であり、経済生活を主張するためにも即効性がある。設置した航路標識が世界各国の海図に記載されることは意義深く、経済生活の国際的な証となる」と沖ノ鳥島灯台の早期建設を提案している。

灯台建設は、温度差発電システムの研究や気象観測などの他の有効利用方法とジョイント可能な施策であり、具体的な提案のひとつである。海上保安庁でも既に灯台建設の技術的可能性については検討を始めている。

現在、放置に近い状況にある観測施設の建替えもしくは修繕を行ない、一定期間、気象・海象の観測員やサンゴ礁の研究員が常駐できる施設を整備することも難しくない。

過去には、沖ノ鳥島に大規模な海洋研究施設を建設する提案を行なった学者がいたが、構想が広大過ぎ、費用対効果の問題で採用されなかった。

しかし、現在の技術や社会情勢であれば、経済的な灯台建設や研究施設の整備も可能であろう。船会社や船員などの民意の後押しがあれば、実現の可能性の高い提案であると思う。

星の砂で国土の再生を

二一世紀に入り、地球温暖化はますます進んでいる。海水が暖められて膨張する効果と陸上の氷河が融けて流れ出ている効果によって、今世紀中に海面が四〇センチ前後上昇することが予想されている。海面が四〇センチも上昇するのであれば、沖ノ鳥島が水没するのも時間の問題である。他国の侵略も怖いが、地球温暖化は、より深刻な問題なのである。沖ノ鳥島が水面下に沈んでは、排他的経済水域どころか領土、領海の主張もできない。

沖ノ鳥島を水没させないためには、自然の力で陸地を再生しなければならない。人工構築物では、国際法的に島とは認められないのである。

この難しい命題の解明に、沖ノ鳥島民間調査団に参加した茅根創東京大学大学院助教授のグループが取り組み始めた。サンゴや有孔虫の自然培養を利用してサンゴ礁の砂浜を造り出そうというプランである。サンゴ礁の島が造られるには、三つの要因が考えられている。

①環礁は、サンゴ礁の上にサンゴの破片や有孔虫の殻が波で打ち上げられ、堆積したものである。有孔虫とは、直径一ミリほどの石灰質または珪酸質の殻を持つ単細胞動物である。沖縄のみやげ物として売られている「星の砂」は、この有孔虫の一種である。所によっては「太陽の砂」というものもある。環礁の上に出来た島の構成には有孔虫の殻が大きな役割を持っていることが判明している。

②台風や津波などにより、サンゴが壊され破片となって打ち寄せられ陸地を形成することがある。二〇〇四年夏、南大東島で、港の浚渫《しゅんせつ》工事の影響で発生した砂や礫が台風により打ち寄せられ、一夜にして白い砂浜ができた事例がある。

③過去に成育したサンゴ礁が、地殻変動や海底火山活動などにより、島が隆起し海面上に持ち上げられるものである。

沖ノ鳥島の再生を考えるには、③は、余りにも時間がかかり過ぎる。①と②を念頭におき自然の力を利用して島の再生を考えたい。

有孔虫「星の砂」は、沖ノ鳥島にも生息していて比較的短期間で繁殖する。また、沖ノ鳥島内でサンゴの培養を行なう。沖ノ鳥島の環礁内は潮流が早い。この潮流の動向を調べ、星の砂やサンゴの破片が集まりやすく陸地を形成しやすい場所を想定し、防波堤などで波を制御し砂浜ができるようにする。砂浜が出来たら二度と流れ出ないように植物を植えるなどして固定してしまう。これで、「星の砂の島」の出来上がりである。

茅根助教授の考えでは二〇年計画の事業である。沖ノ鳥島は台風の本場であり、台風の通過は年間一〇回を超える。案外早く砂浜が出来るかもしれない。地球温暖化の進行よりも早く陸地を高くしてゆかなければならないのである。

その他、日本財団に寄せられた沖ノ鳥島再生計画には、「島の上に鳥小屋を作り海鳥を飼い糞を集めて陸地にする」などユニークな意見もあった。

石垣島

南海の楽園

石垣市は、四万五〇〇〇人が住む、日本最南端の市である。石垣行きの計画を立て、時刻表を見る。東京・羽田空港から空路三時間三五分、一日三本の直行便が飛んでいる。六時三〇分発の午前便に乗るためには、東京郊外の自宅を午前四時過ぎに出なければならない。本当に日本の果てに行く気がしてきた。運賃は？　なんと片道五万一八〇〇円。往復すると割引を使っても八万八四〇〇円。十分に海外旅行に行ける金額である。私は、帰りに那覇での仕事があったので、往復割引は使えない。安価なチケットを探し、携帯電話からインターネットを通じ購入した。片道四万三五五〇円。「石垣の人は大変だな」と距離の遠さを運賃で感じてしまった。

東京からの距離およそ二〇〇〇キロメートル、台湾へは二七七キロメートル。

石垣島は、台湾との国境に接した八重山諸島の中心的な島である。島を囲むサンゴ礁は、世界で最も美しいと言われ、その青く深く透き通った海は、多くのダイバーたちを

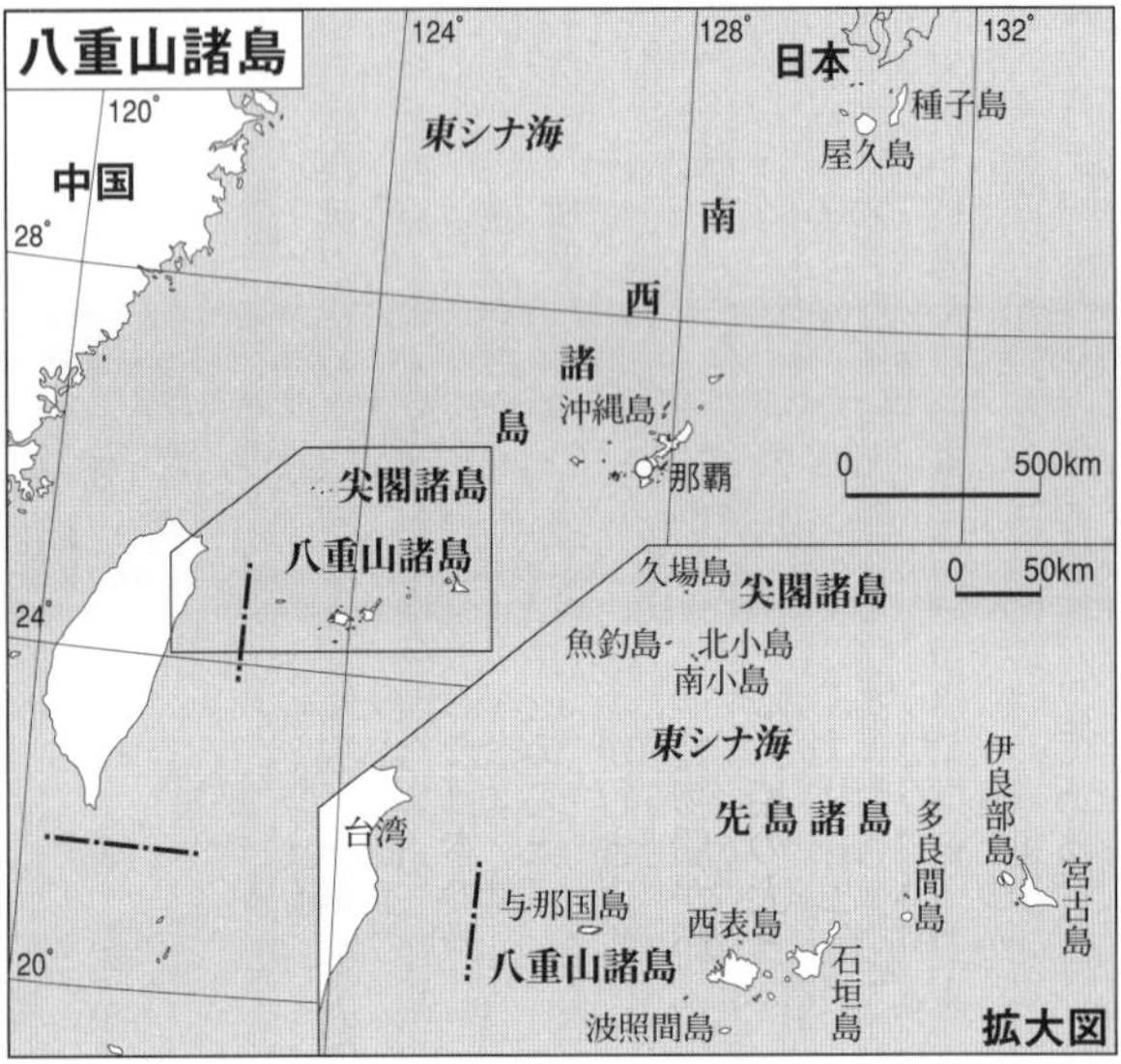

魅了して止まない。空港建設の是非論争が起こり有名になった「白保のサンゴ礁」は、この石垣島の南東部に位置している。白保に広がるアオサンゴなどの各種サンゴの群落は、学術的にも貴重なものであり、白保を訪れることは、世界中の海洋生物学者たちの垂涎の的となっている。

海中では、一年中マンタ（オニイトマキエイ）が舞う姿を見ることができ、時にイルカの大群が押し寄せることもある。南海特有の色とりどりの魚たちが、手が届きそうなくらい身近な海中を泳ぎ回る。ダイビング愛好者だけでなく、海や自然が大好きな人たちにとって一度は訪れてみたい南海の楽園である。

中国・台湾の貿易を日本が結ぶ

石垣島を訪れた旅行者なら誰でも足を運ぶのが、バンナ公園展望台である。水平線まで広がるエメラルドグリーンの海に濃い緑の島々が浮かぶ。ところどころ白く真珠を散らしたように見えるところは、波が水面下のサンゴ礁にぶつかり砕け散ったところである。水平線の近くに台湾と隣接した日本の最西端・与那国島を見ることができる。

この展望台から、身近な海域をみると、一〇隻弱の大型貨物船が停泊している姿が見受けられた。石垣島に外国貨物船が行き来するほどの大きな港は無い。しかし、ここ数年、この南海の楽園の沿岸に大型貨物船が頻繁に姿を見せるようになった。

中国と台湾を結ぶ貿易船である。船の大きさは、小さなものは一〇〇〇トンクラスから大きなものは三万トン程もある。中国と台湾は、未だ対峙する関係にあり、直接貿易することは禁じられている。そのため、中国とも台湾とも貿易を行なうことができる日本の石垣島を一旦訪れるという抜け道をつかっている。形式上は、日本と中国、日本と台湾が貿易をしている形となるのである。

'99	'00	'01	'02	'03
1,723	2,123	2,375	3,264	4,156

石垣港クリアランス船入港隻数（単位：隻）

このような中台貿易船は、「クリアランス船」と呼ばれている。クリアランス船は、石垣港の入り口付近に広がる名蔵湾《なぐら》にアンカーを下ろし、通関（クリアランス）検疫手続きだけを行ない、直ぐに次の港へと船出して行く。

この巧妙な抜け道貿易でもわかるように、中国と台湾の経済関係は、中台政府の政策とは別の次元で密接につながり、人々の交流が自然発生的に始まっている。実利を伴った民間交流は、政府の意思に反してでも進んでいるのである。

二〇〇三年に石垣島を訪れたクリアランス船は、四一五六隻。一九九九年は一七二三隻であり、この五年間で、二・五倍近く増えている。

単純に計算すると一日あたり一一隻の割合で、クリアランス船は石垣に入港している。正確には、入港という言葉は、適切ではない。船は、着岸もしなければ、沖に停泊したままで、手続きだけを行ない、直ぐに出航してしまう。クリアランス船の必要手続きはＣＩＱと呼ばれる税関・出入国管理・検疫である。

船が湾内に入ると、石垣港から出た船舶代理店の小型ボートが横付けし、船から関係書類を受け取り、直ぐに石垣港に戻り、税関に駆け込み通関手続きを行なう。その時、入港税にあたるトン税が払われる。入国管理と検疫は電話や書類のみで済まされる。

クリアランス船は、ただ日本国の通関証明の印鑑を押してもらうためだけに数百キロメートルの海路をやってくる。

大事故の危険をはらむクリアランス船

クリアランス船には、老朽化した船が多い。船齢二〇年を超えた日本の貨物船が、中国の船会社に買い取られ現役で働いているのである。船員のほとんどは中国人であり、石垣島周辺の海図さえ持たない船も多い。本来であれば、ポート・ステート・コントロール（ＰＳＣ）で立ち入り検査を行ない、整備不良船は出港禁止などの措置を取るべきところであるが、石垣島にＰＳＣ検査官は常駐しておらず、時折、那覇にいる二人の検査官が、出張検査を行なう程度である。もし、ＰＳＣを行なったら石垣島の周辺は、出港停止になった船であふれてしまうだろう。

ある海上保安官が、カンボジア船籍のクリアランス船に立ち入り検査を行なおうとしたところ、階段が今にも崩れ落ちそうなほど老朽化が激しく、一刻も早い立ち退きを求めざるを得なかったそうだ。

石垣島近海で事故を起こすクリアランス船は、後を絶たない。サンゴ礁のリーフに乗り上げてしまう事故が一番多い。二〇〇二年は三件、二〇〇四年も三件、同様な海難事故が発生している。

二〇〇四年六月一二日、パナマ船籍の鉱石運搬船「サガジャンダイア」号（三万トン）は、台湾から通関手続きのため、石垣港沖の名蔵湾へ錨泊するために向かっていた。船長は、海面下にサンゴ礁が広がっていることは知っていたものの、安易に海図上の最短距離を通り、リーフに乗り上げてしまった。

石垣島周辺の航行は難易度が高い。通航できる航路が限られていて、かつ、その幅も狭いからである。特に石垣港付近では、狭い航路の直ぐ横の海面すれすれにサンゴ礁が広がっている。もともとサンゴ礁のリーフを浚渫して作った航路である。地元の船は、危険な海底状況を熟知しているため事故は少ない。しかし、経験の少ないサガジャンダイア号のような外国船では、ちょっとした怠慢や注意不足が大事故につながる。この事故では、油の流出はなかったが、もし、燃料タンクが破損し、油が流出したならば、サンゴ礁の美しい海岸が、真っ黒な重油で覆われてしまうことになる。

サガジャンダイア号は、翌日、海上保安庁の指導を受け、満潮時に自力で離礁した。

二〇〇四年一一月、私が石垣島を訪れ、海上保安庁の巡視艇「なつづき」（一二五総トン）の湾内警備に同乗した時には、石垣港沖に六隻のクリアランス船が停泊していた。その内の一隻は、プノンペン母港のカンボジア船籍で、黒ずんだ船体は、何時沈んでもおかしくないように見えた。カンボジア籍の船は、世界中の港湾で問題を起こしている。

二〇〇二年、日本近海で海難事故を起こした外国船舶は一二隻、その内、三隻がカンボジア船籍であった。また二〇〇四年には、カンボジア船籍の木材運搬船が、北海道日本海側の沖で、積荷の木材流出事故を立て続けに三件起こしている。

カンボジア船籍には老朽船、整備不良船が多いという話をよく聞く。同国籍船が、密輸・密航などの海上犯罪に使われているケースが目立つ。二〇〇三年二月、新潟港で大麻樹脂およびアヘンを密輸し、新潟海上保安部に摘発され、ロシア人乗組員が逮捕された。大麻樹脂約五キログラム、アヘン約四・二キログラムが押収されている。この事件でもカンボジア船籍が利用されていた。

しかし、カンボジア政府に対してカンボジア船籍の関係した海難事故、海上犯罪が多いことを指摘してもなんら対応は無い。

カンボジアのほか、このような無責任な船籍を認めている国にモンゴルがある。海の無い国モンゴルが、船籍を認めるというのは極めて不可思議なことである。ＰＳＣのデータによるとモンゴル船籍の不整備の割合は、約四五％。モンゴル船籍の半分近くが、危険な状態で世界の海を航海しているのである。しかも、その後ろには犯罪組織の臭いすら感じられる。

数年前、カンボジア船籍、モンゴル船籍のＰＳＣ整備不良率の高さが気になり調査をしたことがある。すると、この両国の船籍関係の事務所はシンガポールにあり、しかも、同じ住所であった。

莫大な「トン税」の利益

石垣島を経由しての中台貿易は、年間二〇〇億ドル以上であると推測されている。クリアランス船の積荷は、台湾からは電子機器、機械製品などであり、中国からは食品、食品加工品、砂利などである。しかし、石垣税関は、積荷の中身や数量や価格を調べることは無い。荷物の揚げおろしが無い以上、荷物についてはノータッチである。船にとっても重要なのは、日本の港に入港したという証の印鑑だけなのである。

クリアランス船は入港する際に、一トン当たり三六円のトン税を日本政府に支払う。トン税とは、外国船籍の貿易船が日本の港に入港した際、その登録トン数または積載量に応じて課する税金で、納税義務者は船長である。

このトン税の内、一六円が国に入り、残りの二〇円が市町村へ贈与される。

市町村へ贈与されたトン税の一部は、「特別トン譲与税」として、石垣市の一般財源に組み入れられる。その金額は、一年間に二億一〇〇〇万円（二〇〇三年）。一般財源には使途の制限が無いため手放しで歓迎される財源であり、石垣市にとっては、貴重な収入といえる。

クリアランス船は、船舶代理店に通関業務などの代行を委託する。その費用は、一隻あたり七万円から八万円が相場だ。石垣島の船舶代行手数料は、過当競争のため日本国内の港の半分程度と言われている。船舶代理店に資格は必要なく、関係当局への届出だけで開業することができる。今、石垣島の船舶代理店業界は、クリアランス船バブルで本土からも業者が流れ込み、複雑な手続きが必要な船舶への対処ができないなど、質の低下が問題となっている。そして、ダンピング合戦による超低額の手数料で、錨泊地の外の海域まで出向いて書類の受け渡しをするような過剰サービスを行なっている。

四〇〇〇隻が八万円ずつ手数料を払うとすると総額で三億二〇〇〇万円になる。石垣市が受け取る特別トン譲与税と船舶代理店が受け取る手数料のほか、食料の購入やその他もろもろで、クリアランス船は、石垣島に対し年間八億円ほどの経済効果をもたらしているといえる。

多少のリスクがあったとしても、観光以外に現金収入を得る方法が少ない離島にとって、クリアランス船の落とす現金は、甘い蜜の味になってしまった。

しかし、クリアランス船が何時までも続く保証は無い。現在、中国政府は、上海と台湾の高雄を結ぶ直航ルートによる貿易を検討している。台湾海峡のアモイ沖に浮かぶ金門島（台湾領）を経由しての中台貿易は、条件付き（金門島を経由した船の行く先は福建省内に限定されている）ではあるが、中国政府と台湾政府により認められている。他にも福州近くの馬祖島経由のルートもあるようだ。

石垣市の担当者は、「クリアランス船からの収入は残念ながら当てにすることはできません。いつ無くなってもおかしくないことですから」と覚悟をきめているようだ。

海上保安庁石垣海上保安部

石垣海上保安部の管轄区域は、極めて広い。石垣市、平良市、与那国町、竹富町、下地町、伊良部町、城辺町、上野村、多良間村の二市五町二村である。大きな島は、石垣島、宮古島、西表島で、日本の最南端の有人島・波照間島、最西端の有人島・与那国島も含まれている。与那国島と台湾との距離はわずか一一〇キロメートル。晴れた日には、かすかに台湾の島影が見えるという。

中国が領有権を主張している尖閣諸島の行政区域は、石垣市である。尖閣諸島は、石垣海上保安部の管轄内である。石垣海上保安部は、台湾、中国と国境を接する重要海域の海上秩序の維持を任され責務は重い。

石垣海上保安部の主な任務は次の通りである。

①尖閣諸島の哨戒、②中国海洋調査船の監視警戒、③中国、台湾からの密輸・密航の取締り、④日・中・台間の漁業秩序の維持、⑤クリアランス船対策、⑥離島島民の生活における安全の確保、⑦マリンレジャーの安全確保、⑧美しい南の海の環境保全、⑨台風や津波など自然災害への対応、⑩日本南西海域の灯台の保守整備。

そして、二〇〇四年からは、海上テロ対策として不審な国際航海船舶に対する立入検査を行なう任務も加わり、年間約四〇隻に対して実施している。

尖閣諸島については別の章で触れることにするが、石垣海上保安部の抱える問題は、実に多種多様である。

国境を越えた犯罪

二〇〇四年七月、西表島南東海域で覚醒剤を密輸しようとした台湾船を拿捕した。この台湾船は、漁船を模しており、日本の漁業監視取締艇が安全操業のための注意を呼びかけたところ、逃走を図った。逃げる途中、何か荷物の入ったビニール袋を海中に投棄した。投棄されたビニール袋は、追跡した漁業監視取締艇により回収されたが、その袋の中身は、覚醒剤一〇三キログラムであった。

漁業監視取締艇は、不審船舶の発見を即座に海上保安部に通報。海上保安部では石垣航空基地からヘリコプターを飛ばして、不審船を追尾するとともに、高速巡視船を事件海域に急行させた。巡視船内の海上保安官は、拳銃を携行して不審船舶に乗り込み、覚醒剤を密輸しようとした台湾人を現行犯逮捕した。海の上では、追う方も追われる方も逃げ場が無い。海上の犯罪捜査、犯人逮捕にあたっては、もしものことに備え、十分な準備が必要である。

犯人を逮捕した海域は、日本の排他的経済水域内であった。海上保安部は、台湾の海岸巡防署（コーストガードにあたる組織）に連絡し、犯人の身柄を台湾当局に引き渡したが、覚醒剤は日本側が押収した。台湾と日本との間の海上犯罪に関する取り決めがないため、容疑者の取り扱い、証拠物件の処置など、現場では両国間の駆引きが行なわれ、対応に苦慮するケースが多い。

石垣海上保安部は、二〇〇二年九月にヨットを使い、拳銃八六丁、実包一一〇七発をフィリピンから密輸しようとした日本人を逮捕している。

「これらの覚醒剤や拳銃が、もし、日本に入ってきていたら」と考えると物騒な背筋が寒くなる話である。国境際、水際の警備があってこそ日本人の安心した暮らしが守られている。石垣海上保安部は、南から海を越え日本に忍び寄る犯罪を阻止する最前線基地である。

多発するシュノーケリング事故

石垣海上保安部の仕事は多忙である。尖閣諸島の哨戒、中国海洋調査船の動向監視は、一日も手を抜けない仕事である。また、国境を預かる警備機関であり、密輸・密航の取締りは欠かせない任務である。

これら、海上保安庁の海上警察機関としての任務のほかに、石垣島特有の任務も多い。ひとつは、マリンレジャーの安全確保を通年業務として行なわなければならない。他の地域の海上保安庁の出先機関では、夏のシーズンだけ浜辺の監視、ダイバーへの安全の呼びかけを行なう部署もあるが、常夏の石垣島では、年中無休で取り組んでいる。

特に危険なのがシュノーケリングによる事故である。浜辺で簡単にできるシュノーケリングは、石垣島で最も人気のあるレジャーのひとつである。石垣の町から直ぐ近くの浜辺でも、都会では考えられないほど水が澄み、多くの生き物を目にすることができる。

ダイビングは、海中に潜るということで、もともと愛好者の危険認識度が高い。また、ダイビングショップを通し、船や酸素ボンベを借りたりするので、第三者による監視も可能である。特に石垣島のダイビングショップの組合は、結束して事故を未然に防ぐ努力に怠り無い。そのため石垣島周辺でのダイビング中の事故は、ここ数年、発生していない。

それに引換え、シュノーケリングによる事故は極めて多い。二〇〇三年一年間に、石垣島でのシュノーケリング中の事故による死者は六名にものぼっている。二〇〇四年も一〇月の時点で既に五人がなくなっている。

気軽にできることが仇になり、重大事故が多発している。事故を起こした人の多くは、飲酒していたり、睡眠不足であったり、準備運動もせずにいきなり海に入ったりと、基礎的なことを蔑《ないがし》ろにして事故にあっている。家族をホテルに残し、一人で海に入った人の事故も目立つ。

海上保安庁では、地元の観光関係者と協力し、シュノーケリングをする上での基本的な注意事項の周知につとめている。南国の温かい開放的な雰囲気が、都会からきた観光客の心にスキを作ってしまうのだろうか。

日台漁民マグロ戦争

石垣島東南海域には、毎年初夏になるとホンマグロが回遊する。この時期は、石垣島の漁民にとって年に一度のかき入れ時である。一家総出、村中総出でマグロの群れを追いかける。ホンマグロはクロマグロとも呼ばれ、三〇〇キログラムほどの大きさのものもあり、一本釣り上げると数百万円の収入になる。近海マグロは希少性があり、揚げられたマグロは直ぐに東京や大阪の大都市へと運ばれる。中には、航空便で石垣空港から東京に運ばれるものもある。庶民には手が届かないどころか、目に触れることすらない高級魚として、料亭の膳へと運ばれて行く。

マグロを追いかけているのは、石垣漁船だけではない。台湾においてもマグロは高価な食材として高値で取引されている。台湾の漁船もマグロの群れを必死で追いかけてくる。台湾の漁船は日本領海ぎりぎりの海域までマグロを追いかけ漁を行なう。漁に夢中になり領海侵犯する漁船も珍しくなく、中には、確信犯も多い。そのため、毎年かならず、台湾漁船と石垣漁船のトラブルが起きる。石垣島沖合いにおいて、日台漁民マグロ戦争が勃発するのである。台湾漁船に魚網を切られたりブイを奪われたりする事故が多い。漁船同士がぶつかることも多々あり、大規模海難につながりかねない。台湾漁船と日本漁船のトラブルは、日本の領海である一二海里以内であれば、日本の国内法により解決できる。しかし、一二海里を出てしまうと、台湾と日本の間には、漁業協定も無く、一旦事件が起きると、解決まで時間がかかることが多い。

石垣海上保安部では、この時期、トラブルが起きないように警戒態勢をとらなければならない。巡視船艇にとっても戦いである。マグロ戦争が開戦される前に、阻止し、調停するのも同保安部の重要な任務である。

明和の大津波

二〇〇四年は、台風のあたり年だった。夏のシーズンのみならず一二月に入って台風二七号が発生し、福岡県、千葉県で貨物船が座礁するなど被害を出している。幾つかの太平洋上で発生した熱帯低気圧は、勢力を増し台風に進化しながら、日本列島を直撃した。数多くの被災者を出し、日本各地に生々しい爪あとを残している。

日本の南西海上で発生した台風が、まず手始めに襲うのが八重山諸島である。石垣島の人々は、良い意味で台風に慣れっこになっている。台風の情報が入ると無理をせず、漁を取りやめ、船を陸に上げてしっかりと縛り付ける。家々は、戸締りを確認し台風の行き過ぎるのを待つ。荒海のときに漁に出る石垣島の漁師はいない。したがって、石垣島においては、台風がらみの海難事故はほとんど無い。経験に学んだ生きるための知恵である。

しかし、津波は、そうもゆかない。津波は、突然襲ってくる。二〇〇四年一二月、インドネシアのスマトラ島沖で発生した地震と津波による死者は、二九万人にも達した。

一七七一（明和八）年四月二四日（旧暦三月一〇日）、午前八時ごろ、八重山諸島東方沖で、推定マグニチュード七・四の地震が発生した。この地震により、高さ四〇メートルといわれる大津波が、宮古・八重山地方を襲った。「明和の大津波」である。

島の記録によると午前八時頃大地震が発生し、地震が止むころに石垣島東方に雷鳴のような轟きがあり、まもなく外の瀬まで潮が引いた。すると東方の海上に大波が黒雲のようにひるがえり、たちまち島々村々を襲ったと書かれている。

明和の大津波は、当時の石垣島民の五〇％近くにあたる八三三五人の命を奪い、島全体を破壊し尽くしたという。宮古・八重山地方では、およそ一万二〇〇〇人が死亡したといわれ、多くの村が壊滅的な打撃を受けた。明和の大津波の後、石垣復興のため、波照間島など近隣の島々から、多くの働き手が強制移住させられている。

津波の被害を最小限に抑えることも海上保安庁の任務である。気象庁と連携し、速やかに情報伝達を行なうとともに、海上支援をはじめ適切な避難方策を実施しなければならない。そのためには、平時から綿密な対策を検討し、いざという時戸惑わないように、十分な訓練を行なっていなければならない。

大東諸島

東の彼方「ウフアガリジマ」

那覇から三九人定員のプロペラ機にのり、東へおよそ一時間。距離にして三九二キロメートル。紺碧の大海原の中に二つの島が浮かんでいる。大東諸島の南大東島と北大東島である。二つの島は、八キロメートルほどしか離れていない。両島ともに隆起サンゴ礁からなる世界的にも珍しい島である。両島の人口は、南大東島が一四〇〇人、北大東島が五〇〇人。行政区分としては、それぞれの島が単独の村となっている。

大東諸島は、沖縄方言で「ウフアガリジマ」＝東の海の彼方にある島と呼ばれる。大東諸島を発見したのは、ロシア海軍仕官ポナフィディンで、彼の乗船していた艦名ボロジノ号にちなんでボロジノ島と命名され、英国海軍の海図にも記載されていた。一九世紀初頭のことである。明治維新から西南戦争の荒波も過ぎ去り、近代国家としての意識を持ち始めた明治政府は、一八八五（明治一八）年、無人島であった南大東島を調査し、日本の領土であることを確認し、沖縄県に所属することを宣言している。

この島の開拓が始まったのは、それから一五年後の一九〇〇（明治三三）年。二二人

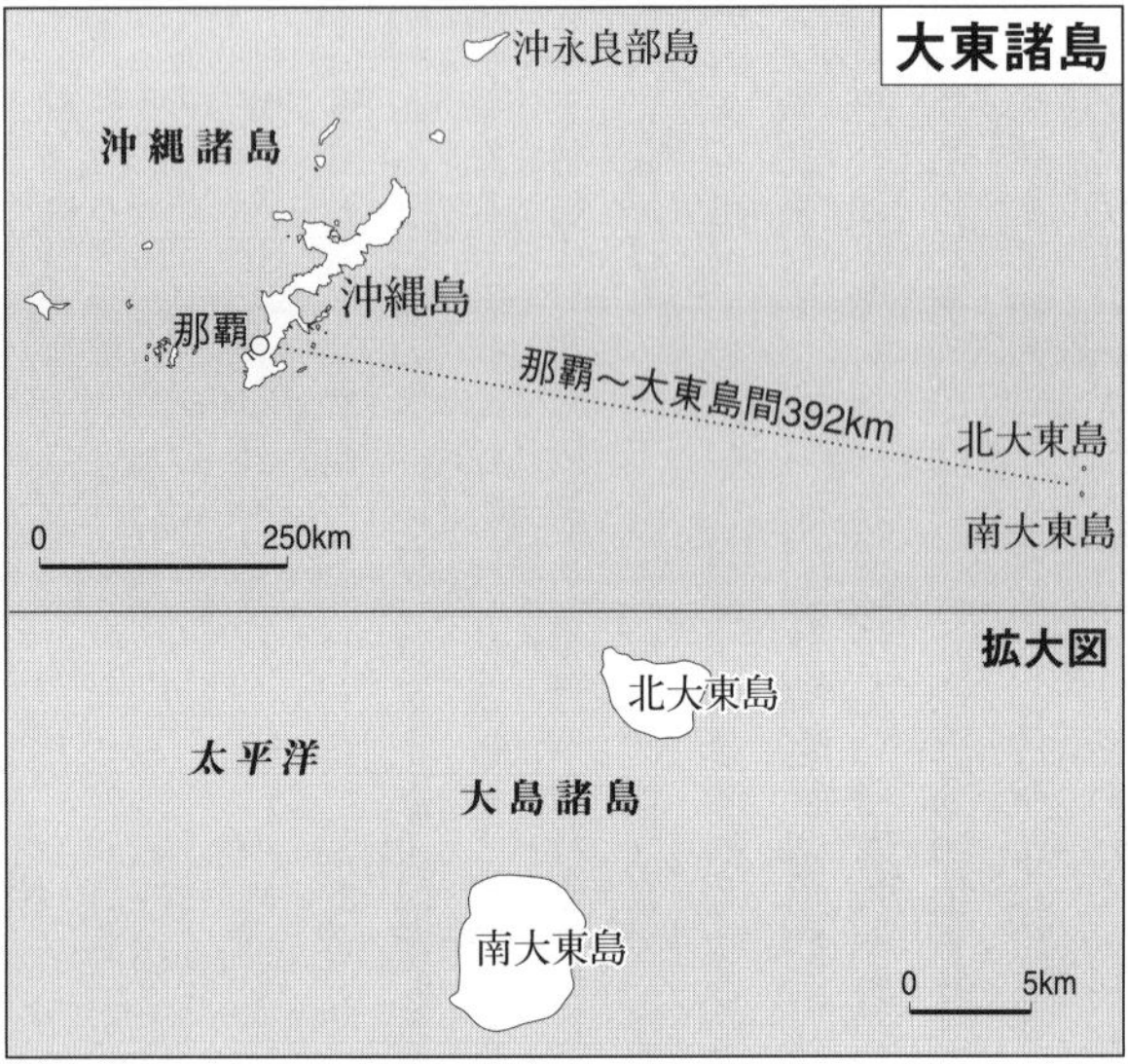

の開拓団が入植した。鳥島に生息するアホウドリを捕獲し、羽毛を採取することにより財をなした八丈島（東京都）出身の豪商・玉置半右衛門が、出身地八丈島を中心に募った者たちである。八丈島では、耕地面積が少なく、農家の次男・三男は、島外に出て働くことが多かった。江戸時代にも出百姓として八丈島出身者が関東地域の開拓事業などで働いていた。

　入植者は、椰子の一種であるダイトウビロウの生い茂るジャングルを開拓し、雨露をしのぐだけの小屋を立て、畑を作り、野菜やサトウキビなどの種を蒔いた。北大東島の開拓はそれから三年後の一九〇三（明治三六）年から始まっている。

サトウキビで生きる島

今回、私が訪れたのは、南大東島。空から見ると、白いサンゴ礁の土台の上に緑と赤のまだら模様のテーブルが載っているようである。まだら模様の正体は、開墾された赤土の台地に広がるサトウキビ畑であった。島の海岸線は、一五メートルほどの高さを持つ断崖絶壁に囲まれ、まるで人類の侵入を阻むかのようである。

「さとうは島を守り　島は国を守る」

南大東村役場の壁に大きな字で書かれているスローガンである。

島の主な産業は、サトウキビ栽培。明治の入植以来、島唯一といえる産業である。サトウキビ農家は現在二一一戸（二〇〇四年）。年間七万トンほどの生産量で、およそ一四億円の売上になる。農家は、刈り取ったサトウキビを大東糖業㈱の製糖工場に運び、そこで製品化される。一九一七年から一九八四年まで、シュガートレイン（砂糖運搬専用の列車）が島内を走っていて、農家を回り、サトウキビを集め、工場に運んでいた。鉄道ファンにはたまらないものであったようだ。残念ながら、今は、トラックに替わっている。南大東島の農家一軒あたりの作地面積は、約八ヘクタール。本州の農家からするとうらやましい広さである。一面に広がるサトウキビ畑で、トラクターを使い、雄大な農作業をしている。

砂糖は、付加価値性の少ない原材料品である。安い輸入品には、価格的に太刀打ちができない。政府は、農家を含めた国内製糖業を守るため一九六五年糖価安定法を定め、生産者最低価格の公示を行ない、分蜜粗糖の農畜産業振興機構による買い上げを行なっている。また、国の交付金や製糖原料を輸入した際に掛ける輸入糖調整金を財源とし、製糖事業者に対し補助金を出している。大東糖業もこの補助金により企業経営を成り立たせている。

しかし最近は、安価な外国産材料の大量流入と日本人の砂糖消費量の減少により、政府も製糖業の自由化を検討しなければならない時代となった。二〇〇〇年には糖価調整法により、補助金等の制限が厳しくなり、明治以来サトウキビによって支えられてきた南大東島の暮らしに厳しい風が吹きはじめている。

絶海の孤島の暮らし

南大東島には真水が少ない。島に点在する池の多くは、海とつながっていると言われ、表層だけが真水で、その下は海水である。淡水の池は僅かばかりで、サトウキビ畑の脇には必ずと言えるほど雨水を貯めるプールがある。島民の飲料水は、淡水化装置を使って海水から作られている。島民にとって水は高価なものである。私が泊まった島のホテルはシャワーだけで浴槽はなかった。

島でテレビが見られるようになったのは、一九九八年のことである。それまでは、NHK衛星放送のみ受信できたほかは、船便でテレビ番組が収録されたビデオテープが届けられていた。

東京都が小笠原向け衛星を通して送っている放送を受信し、島内向けの地上波に返還して配信しているそうだ。南大東島では、東京都に対し受信料を払っている。島の生活には、不自由がつき物のようである。

断崖絶壁の海岸線と、時に一〇メートルを超える荒波は、港を作ることさえ許さなかった。現在でこそ港はあるものの桟橋は無い。仮に桟橋を作ったところで、夏の台風、冬の怒濤により一年ともたないのである。

那覇と南大東島、北大東島を結ぶ貨客船がある。前述のように第三セクター方式により経営されている大東海運㈱が、六九九トンの船を一隻所有し運航している。船が島に着くと人も荷物もゲージに乗せられ岸壁に置かれたクレーンで陸揚げされる。断崖の低いところを選んで作られた港であるが、高さ九メートルもあり、船からタラップを掛ける程度では、届かないのである。この航路は、海象条件があまりにも厳しいため定期航路にまではできず、月に四往復程度航行している。

大東諸島の生活は、この船に依存している。両島民一九〇〇人分の米や肉類などの食料品、衣類や子供たちの文房具などの日用品、あらゆる物品がこの船で運ばれている。海が荒れ欠航が続くと島の生活に多大な影響が出てくるのである。

那覇と島を結ぶ航空運賃は高い。片道二万一四〇〇円、往復割引でも三万九二〇〇円、東京―大阪間に匹敵する。それに引き換え船は、那覇・泊港―南大東島間、片道四六二〇円とリーズナブルであり、船は住民の足として無くてはならない存在である。

南大東島役場港湾業務課の大城盛敏さんに島内を案内していただいた。この村の港湾業務課の職員は、役場の職員が直接、荷役作業を行なっている。経費を抑えるため六人の課員が力を合わせ働いている。港湾・海運行政から、船の運航管理、荷揚げ・荷下ろしまで行なうマルチ・マリナーなのである。

大城さんは、一度東京で就職したが、長男が生まれるのを契機に島へ戻ってきた。「はじめは寂しかったけれど、今は、東京で暮らそうなんて考えられません」と七人のお子さんに恵まれ、豊かな人生を歩んでいるように見受けられた。

島の目標は、教育立村。幼稚園から中学まで同じ敷地での一貫教育で一学年一クラス、二〇数人の教師を確保している。しかし、島内に高校は無く、ほとんどの生徒が、中学を卒業すると沖縄本島の高校に入り、寄宿生活をおくっている。

島は、高齢化が著しい。島の老人たちは、昼の農作業が終わると島の中央部にある屋内ゲートボール場に集まり、毎日ゲートボールを楽しみながら健康を維持している。このような老人たちの力で島は支えられている。

老人たちは昔ながらの祭りを行なう後継者不足を心配している。

人の暮らしが領土を守る

南大東島の隠れた主要産業は、公共事業である。港湾整備、護岸工事、道路舗装等、年間およそ三〇億円の公共工事が行なわれているそうだ。さらに漁港新設工事が、絶壁を掘削して行なわれ、相当の費用が必要と思われる。

私は、島で唯一のホテルに宿泊した。午後七時過ぎホテルの食堂で夕食をとっていると、浅黒く日焼けをした精悍な顔つきの男性が数人、作業着のまま入ってきた。その時、食堂で給仕をしていたホテルの若いおかみさんは、「お帰りなさい」と明るく声をかけていた。このホテルの常連は、公共工事の指導のため、本土から来ている技術者たちである。

現在、島を切り崩して新しく漁港を作る工事が進められている。島には、三二隻の漁船があるが、港が未整備のためこれらの船は、最大でも五トン、ほとんどの船が、一人か二人乗りの一～二トンの船外機を付けた小型船である。港を整備することで、船の大型化が可能になる。島の近海では、キハダマグロ、カンパチ、サワラなどが捕れるそうだ。今後、単価の高い魚を狙った漁業の振興をめざしている。費用対効果のみを考えると、三二隻のために新しい港を作ることは疑問である。離島の今後の可能性と国境の島を守る国益への投資と考えなければいけないのであろう。

人が住んでいる島としては日本の東南の端になる大東諸島を起点として広がる排他的経済水域は、広大である。この海域は、マグロ、カツオをはじめとした豊富な漁業資源やコバルト、マンガン塊などの豊富な地下資源を持ち、未来の日本を支える重要な財産である。他国の侵入や実行支配を許さないためには、人が住み経済活動を続けなければならない。そして、歴史的な文化の継承も重要である。

最果ての地で、日本の領土を守り続ける生活が、現実にこの島には残っている。自衛隊の駐屯がなくても、経済活動・文化活動を維持することで、領土の保全をしているのである。先達は、荒れた海と痩せた台地と戦い、領土を開拓し守ってきたのである。

根室・羅臼

北方領土を望む街

知床半島の東側、羅臼の港からは、目の前に国後島をのぞむことができる。羅臼港は、居酒屋の定番メニューである「ホッケ」の水揚げ港として名を知られている。もっとも最近は、ホッケの水揚げ量が減っていて、「スケトウ」漁の方が、知られるようになってきた。スケトウは、身はすり身にしてかまぼこの原材料となり、卵巣は鱈子として珍重される。いずれも北方領土沿岸で行なう「安全操業」により水揚げされる魚種である。

根室・羅臼と北方領土

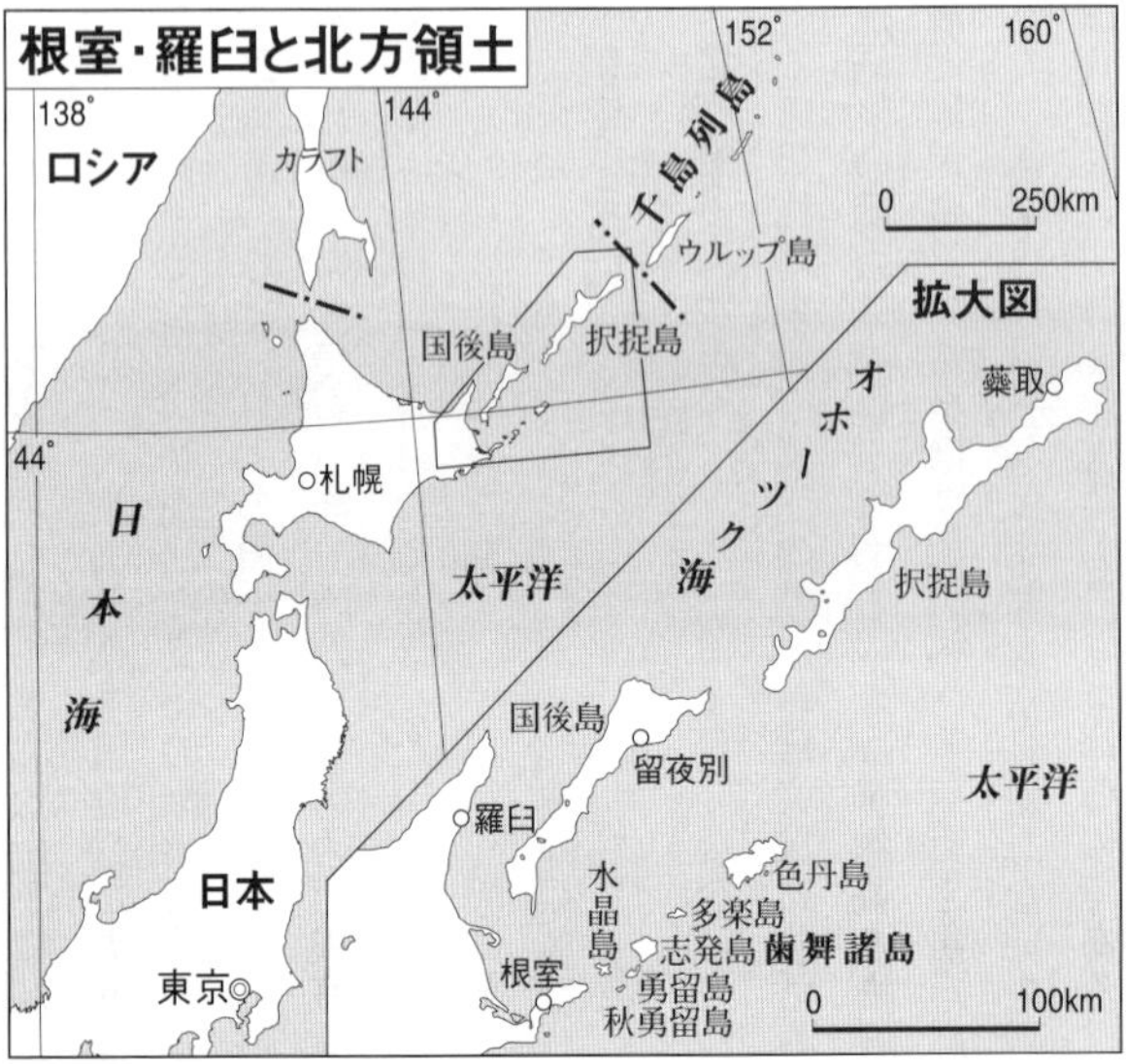

安全操業とは、ロシアに対し一定の金額を払うことにより、拿捕されることなしに北方四島沿岸一二海里以内で漁を行なうことである。一九九八年に日ロ両国の政府間協定にもとづき、ロシア政府と日本の民間漁業団体・社団法人大日本水産会による民間合意のかたちで始められた。政府としては、北方領土はあくまでも日本固有の領土であり、自国海域内の漁業についてロシアと話し合うことは出来ないとの立場から、あくまでも民間合意となっている。この合意は、当時、国会議員であった鈴木宗男氏の強力な影響のもとに推進

されたものである。

安全操業では、捕ることができる魚種、出漁期間、出漁する漁船数などが定められている。ホッケは、九月一六日から一二月三一日まで二〇隻、スケトウは、一月一日から三月三一日まで同じ二〇隻。これ以外にタコ漁が、九月一六日から一二月三一日までの期間、八隻が許されている。羅臼も含めた根室地域の漁船が割り当てを受け出漁している。

本来、自分たちの海であるべきところで、金を払い、限られた魚しか捕ることができないのである。地元漁民にとっては納得できる話ではないが、生きて行くためには、我慢し、とにかく漁に出なければならない。

羅臼では漁業無くして生活は成り立たない。漁業以外に知床半島の観光業もあるが、観光客は、短い夏の間に集中し、観光業に生活の基盤を置くことは出来ないのである。

最近、この安全操業も思うような漁獲高をあげることができない。日本船が解禁日を迎える前にロシアのトロール船が根こそぎ魚を捕って行ってしまうのである。

ロシアの漁船には、ルールなど通用しないのが現状である。日本側だけが、厳格にロシアの作ったルールを守らされているのである。

根室海上保安部の戦い

海上保安庁第一管区海上保安本部根室海上保安部には、海の猛者が集まっている。精神的にも肉体的にも鍛え上げられたコーストガードの勇である。根室の気象条件はとても厳しい。冬は沿岸に流氷が押し寄せ、寒さもひときわである。夏は、連日濃霧がたちこめ、海上の視界が悪く、巡視船の航行には神経をすり減らす。そのような条件下で、彼らは国境警備の任務にあたる。

かつて東西冷戦時代には、根室の海上保安官は、ソ連国境警備隊と睨み合い、一触即発の事態をいくども経験してきた。現在では、ロシア国境警備庁との間で協力関係が構築され、国境紛争に発展しそうな事件はないが、毎日、密漁船、密輸船との戦いが続いている。

根室半島から知床半島にかけての海岸線は根室海峡を挟み国後島と向かい合っている。日本の地図上では、根室も知床も国後島も同じ日本国内であるが、実際には、国後島はロシアの支配地域であり、海峡のまんなかに中間線が引かれ、ロシアと日本に引き裂かれている。

根室海上保安部管轄地域の漁船は、ロシアの警備艇を気にしながら北方領土を望む海で漁を行なう。中間線を越えるとロシアの警備船に拿捕される恐れがあるが、魚影の濃いロシア側に近づき漁を行なう。北海道庁では、拿捕を回避するために中間線よりも内側〇・三海里ほどに操業自粛ラインを引き、海上保安庁の協力も得て、自主規制の徹底をはかった。それでも、漁民たちの多くは、ロシア警備船の隙をつき中間線を越え、水揚げが期待できるロシア側で漁を行ない、見つかるとすばやく日本側へ逃げ帰るのである。

海上保安庁の巡視艇は、時には漁船に対して銃撃をするロシア警備艇との間に割って入り、漁民の命を自らの船体を以って守ることもあった。密漁者とわかっていても、自らの危険も顧みず、日本人の生命を守らなければならないのが海上保安官の勤めである。

第二次世界大戦後、ソ連軍が北方四島を武装占領し、日本人住民を北海道へ強制退去させた。それまで、北方四島や根室に住む漁民たちは、四島周辺の好漁場で自由な漁業を行なっていた。しかし、ソ連の北方四島占領後は、中間線を越えると国境侵犯の罪でソ連国境警備隊に拿捕されてサハリンへ連行され法外な罰金を科せられた。

そのような状況下で、ソ連国境警備隊は、密漁船に甘い誘いをかけてきた。それは、ソ連のスパイとなり、日本側の情報を入手してくれれば、ソ連支配海域において、拿捕せず安全操業を保障するというものだった。ソ連に情報提供の密約をした漁船を「レポ船（レポート船の略）」と呼ぶ。レポ船は、根室の自衛隊の動き、隊員名簿、道警公安担当者の情報、領土返還運動の状況などの情報をソ連側に提供していた。レポ船が登場したのは一九六〇年代前半である。レポ船は、次第に官公庁内部の情報や自衛隊装備の写真など高度なものを要求されるようになってきた。しかし、漁師たちが高度の機密を入手することは難しく、情報提供できない漁船は、電化製品、日用品、ウイスキー、ドル紙幣などの賄賂を警備隊員に渡し漁業の安全を担保するようになった。

レポ船は、東西冷戦の緊張下において活発に行動し、善良なる漁師たちがうらやむような水揚げをしていた。レポ船の船主、乗組員たちは、たとえ国賊と呼ばれても、ソ連に保証された大漁を手放すことができなかった。

しかし、一九八〇年代に入るとソ連のアフガニスタン侵攻から日本のモスクワオリンピックボイコットと対ソ強硬論が強くなり、レポ船の取締りもきびしくなり、行動が制約されるようになった。

その代わりに現れてきたのが、「特攻船」である。特攻船は、小型のＦＲＰ（強化繊維プラスチック）製の船体に一八〇馬力〜二〇〇馬力の船外機を二機搭載し、高速で北方領土の海域を走り回って密漁を行なっていた。一九八〇年には根室だけで三〇隻を超える特攻船が姿を見せていた。特攻船の獲物はウニやカニなどの付加価値の高いもので、ソ連側海域で漁をおこない、すばやく根室近郊の港で浜揚げするのである。根室近郊には、入り江が多く、小さな漁港が点在している。また、特攻船は組織的に動き、「陸回り」と呼ばれる、陸上で海上保安庁や警察の行動を見張る係がいて、なかなか取り締まることができない。

特攻船に乗る漁民には、暴力団系と不良漁民と呼ばれる二つのグループがあった。特攻船一隻の水揚げ金額は年間一億円以上になり、一度特攻船密漁に手を染めるとなかなかやめられなくなった。いつのまにか正規の漁業組合員の中にも特攻船に乗るものがでるようになり、根室では、漁獲割り当てをはるかに超えたカニが出回り、特攻船は根室経済に欠かせない存在になっていた。

ソ連国境警備隊も特攻船には手を焼き、日本側へ取締りを強く要求してきた。取り締まるのは海上保安庁の仕事であるが、根室市には特攻船を容認する風潮があり、特攻船を取り締まる海上保安官に対し、根室市民の風当たりが強くなっていた。海上保安庁では、まず暴力団系の特攻船の取締りに重点をおいた。

一九八一年、ソ連から特攻船撲滅を要求された政府は、ゴルバチョフ・ソ連大統領の来日を機に海上保安庁、水産庁、道警に対し、徹底的に特攻船の取締りを指示し、その結果、最高三六隻あった特攻船は、わずかに暴力団系の船を残すだけとなった。

根室の暴力団は「勤労やくざ」と呼ばれている。広域指定暴力団の組長や幹部が、自ら船に乗り込み密漁の網を引くのである。「勤労やくざ」は密漁したカニやウニの販売ルートや犯罪に手を染める漁師の確保のため、広域指定暴力団の構成員となり、地元に組を立ち上げる。組織的密漁のためには、暴力団の「はく」をつける必要があるのである。

二〇〇四年一〇月、海上保安庁根室海上保安部は、かねてから目をつけていた勤労やくざをウニの密漁の現行犯で逮捕した。密漁したウニを浜に揚げる寸前に巡視船により捕捉したのである。船には組長自らが乗っていてそのまま御用となった。逮捕された組長の財布の中には一万円札が数枚入っていただけだったという。都会の暴力団とはまったくイメージが違うやくざが、北の海に生きているのである。

北の国境の人々は、時代の変遷とともに暮らしてきた。巨大で恐ろしい敵であったソ連が、いまや商売相手のロシアとなり友好関係を築こうとしている。北方領土の返還の推移とあわせ、北の国境の景色はますます変わって行くことだろう。

第三章　領土紛争最前線から

尖閣諸島

狙われた島

尖閣諸島とは東シナ海上に浮かぶ八つの小さな島の総称である。最も大きな島は魚釣島で、石垣島の北北西一七〇キロメートルに位置し、台湾からはほぼ同じ一七〇キロメートル、中国大陸からは三三〇キロメートルの距離である。尖閣諸島は、魚釣島のほか、久場島（黄尾嶼《こうびしょ》）、大正島（赤尾嶼《せきびしょ》）、北小島、南小島、沖ノ北岩、沖ノ南岩、飛瀬からなっている。

尖閣諸島が注目されるようになったのは、一九六九（昭和四四）年、国連アジア極東

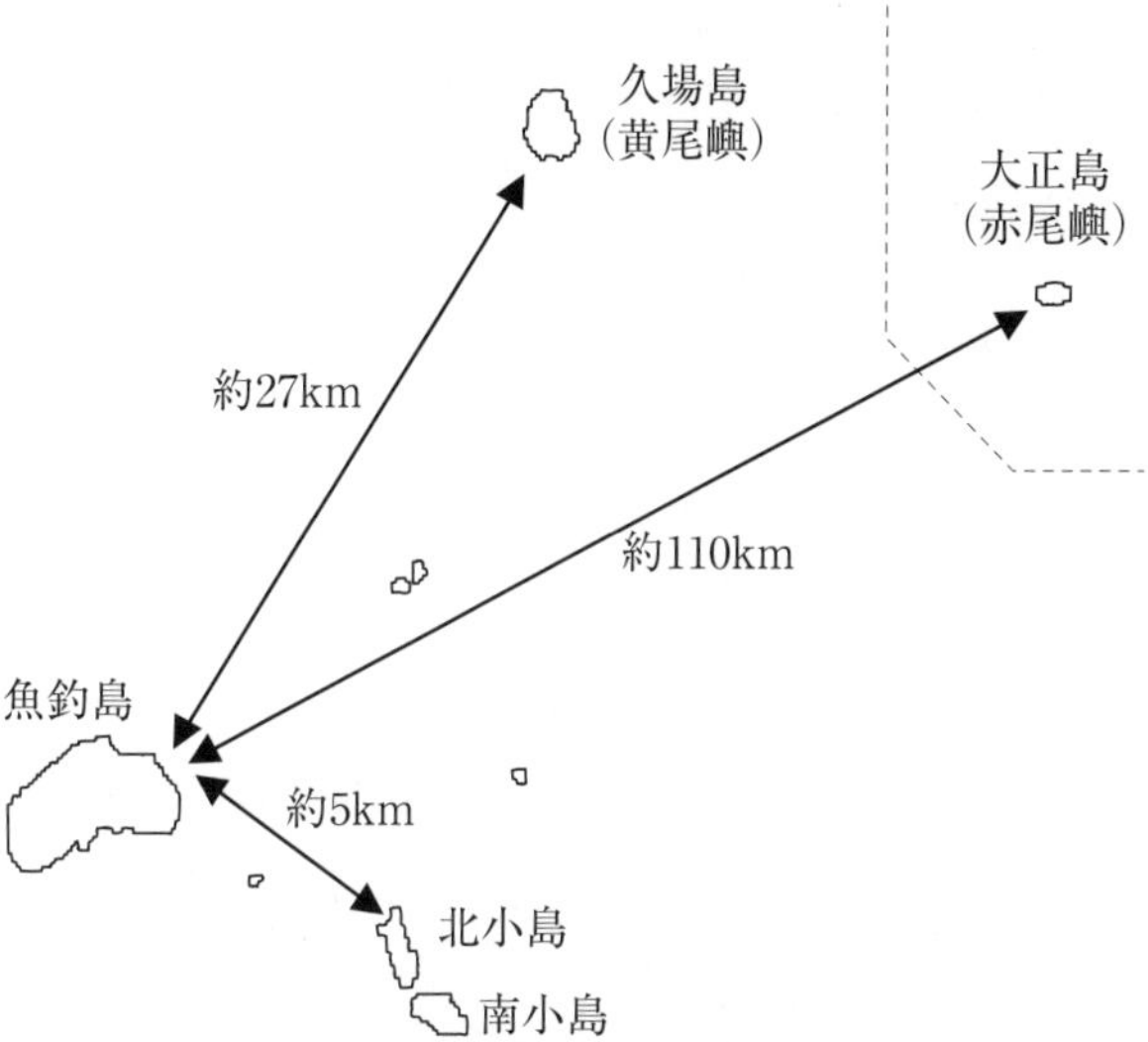

尖閣諸島、各島の位置

経済委員会（ＥＣＡＦＥ）が、前年に東シナ海の海底を調査した結果、尖閣諸島近海の海底に埋蔵量豊富な油田がある可能性が高いと発表してからである。

そして一九七一年には、石油の利権をもとめ、台湾と中国が相次いで尖閣諸島の領有権を主張した。

一九七八年四月、日中平和友好条約締結に向けての交渉が行なわれている中、約一〇〇隻の中国船が尖閣諸島近海にあらわれ、領海侵犯や不法操業を行なう事件が発生した。

一九九六年七月には、我国において国連海洋法条約が発効したことに

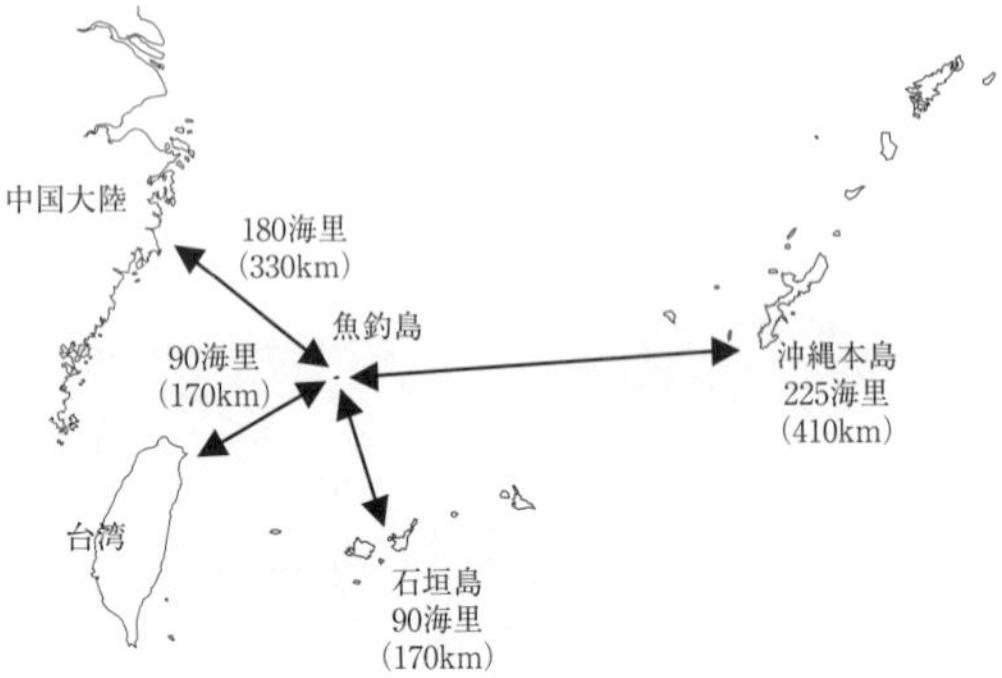

尖閣諸島までの周辺各国の距離

より、排他的経済水域の設定がなされたことを不満とし、香港、台湾等での「保釣活動」と呼ばれる抗議活動が活発化した。この年、九月には無謀な香港活動家が領海内に侵入し、海に飛び込み一人が溺死する事件が起こっている。その後もたびたび中国、台湾、香港の抗議活動家が尖閣諸島近海に出没している。

二〇〇四年三月二四日、中国の反日活動グループ七人が、魚釣島に不法上陸する事件を起こした。この七人の中国人は、沖縄県警により出入国管理法違反（不法入国）の現行犯で逮捕され、海上保安庁の巡視船で那覇に連行された。

リーダー格と見られる男には、二〇〇一年八月の小泉首相の靖国神社参拝に対する抗議行動として、同神社の狛犬にスプレーで落書きをして逮捕された前科があった。

奥が魚釣島、手前が南北小島（海上保安庁提供）

中国の反日活動グループが、尖閣諸島への上陸を試みたことは何度かあるが、実際に上陸されたのは、一九九六年一〇月以来今回で二回目である。彼らは必ず事前に予告をしてから抗議船に乗ってやってくる。今回も二月後半に抗議船が日本領海に入るという情報が流れていた。海上保安庁では警戒態勢の強化に乗り出す準備に入っていた矢先に、裏をかかれた形で上陸を許してしまった。

三月二六日、沖縄県警は逮捕した七人の身柄を福岡入国管理局那覇支局に引き渡した。入国管理局は、不法入国を確認し中国へ強制送還した。当初、県警は七人を那覇地方検察庁に送検する方針と伝えられていたが、外交的配慮により急遽、強制送還となったようだ。

中国人不法入国者に対しては、日本の法律に照らし厳格な対応をとるべきであろう。尖閣諸島は日本の領土であることを明確に示すためにも、日本の法律を遵守すべきである。少なくとも日本の法を犯した中国人反日活動家に対しては、背後関係も含め十分な捜査を行なってほしかった。捜査を徹底し禍根を断たなければ、今後も不法上陸が続くことになりかねない。

中国側は、尖閣諸島における国境問題が存在することを国際的に誇張したいのである。尖閣諸島は日本が実効支配している。中国はこの実効支配が不当であると国際社会にイメージ付けようと企てているのである。

また、尖閣諸島の日本による実効支配が両国の友好を阻害する国際問題であると声高に訴え、外交当局に圧力をかけているのである。

日本固有の領土

尖閣諸島の歴史は比較的新しい。江戸時代に林子平の書いた「三国通覧図説」の琉球三省其三六島之図の中に、福建省と沖縄本島の中間の位置に「魚釣台（魚釣島）」が記載されているが、この図の精度はかなり低く伝聞により書かれたもののようだ。当時の日本の社会制度は、石高制であり、米の取れない無人島である魚釣島など誰の眼中にも無

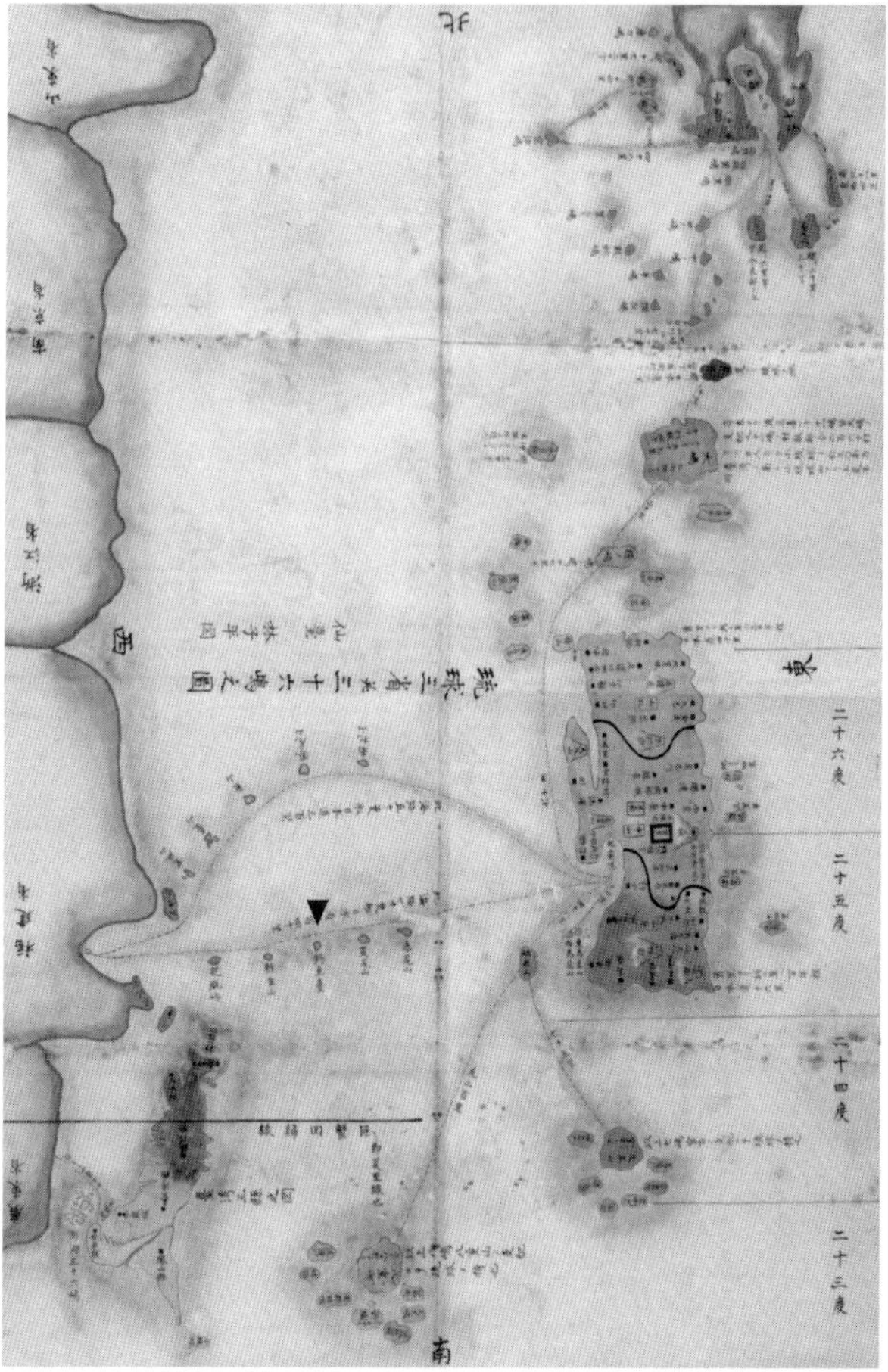

「三国通覧図説」に描かれた魚釣台（図中の矢印）

かった。ただ、この島の姿は中国と琉球王国との貿易船から、時折見ることができたようだ。琉球の人々は尖閣諸島を「ユクンク・クバジマ（魚が獲れビロウが茂る島という意味）」と呼び、中国航路の道しるべとしていた。

「三国通覧図説」においては、「魚釣台」が中国本土と同じ赤で塗られていた。このことが、中国が尖閣諸島の領有権を主張するときの根拠に使われている。この図においては琉球、台湾、魚釣台が一体と感じられ、島の大きさもまちまちであり、実際の地形とは乖離している。

一八八四（明治一七）年、福岡県出身の実業家古賀辰四郎が人を遣い尖閣諸島を探検させた。古賀は、一八九五（明治二八）年みずから尖閣諸島を探検し、開発許可をもとめ、翌年、国から三〇年間の無償貸与を受け開拓に乗り出した。古賀は尖閣諸島でアホウドリの捕獲を行ない、アホウドリから羽毛を採取して巨額の富を手にした。

政府は、一八九五年一月一四日、尖閣諸島を日本の領土に編入する閣議決定を行ない、翌年、沖縄県八重山郡に編入した。領土へ編入するに当たっては、同諸島が無人島であり、清国の支配が及んでいないことが慎重に調査されている。

以後、一九七一年に台湾が領有権を主張するまで、尖閣諸島の帰属に関していかなる国も問題にしていない。有史以来、尖閣諸島は日本以外の国に領有されたことがない日本固有の領土なのである（第二次世界大戦後、米国の信託統治領とされ、一九七二年、沖縄返還協定に基づき返還されている）。

しかし中国は、一九七一年に発表した尖閣諸島領有声明において、尖閣諸島は台湾の一部であるため中国に帰属するとの主張をしている。

確かに中世に中国皇帝が琉球に派遣していた使節「冊封使《さくほうし》」の記録の中に、航海中、魚釣台を目印にしていたとの記載があり、台湾から琉球への途中に地名が出てくる。しかし、どこの国に帰属するかということが明確に示されているわけではない。中国の書物の中に尖閣諸島が出てきたから中国領であるというのは暴論である。

台湾の李登輝前総統は、二〇〇二年五月二四日付け沖縄タイムス朝刊に掲載されたインタビュー記事の中で、「尖閣諸島の領土は、沖縄に所属しており、結局日本の領土である。中国がいくら領土権を主張しても証拠が無い。国際法的に見て何に依拠するのか明確でない」とのべている。李登輝前総統の発言は、民族感情に流されない公平な発言である。中国が主張する「尖閣諸島は台湾の一部」という主張を台湾の国民的指導者が否定しているのであるから事実は明らかである。

同時に、李登輝前総統は、日本政府が戦前から、尖閣諸島や与那国島近海で漁をしていた台湾漁民を追い出したまま、漁業権を認めていないことについての抗議をしている。日本は尖閣諸島近海に主権を持つのであるから、台湾漁民の生活の場である尖閣諸島近海における同国漁民の行なう漁について、配慮する必要があるだろう。

政府、総務省、そして民間人が所有

現在の尖閣諸島は、大正島のみ政府の所有地で、他の島々は埼玉県に住む民間人が所有している。魚釣島、北小島、南小島の三島は総務省が借り上げ、久場島は防衛施設庁が借り上げている。この久場島と政府所有の大正島は米軍の射爆場に利用することとなっている（現在は使われていない）。

同諸島で最大の魚釣島には、鰹節工場の建物の跡や日本の団体の作った灯台が残っている。この灯台は石垣島の漁業関係者が所有していたが、二〇〇五年二月、この人物が所有権を放棄し、国の管理下に置かれ、海上保安庁により「魚釣島灯台」と名付けられ管理・運用が開始された。島内には臭蛇という、長さ一・五メートルほどで毒は無いがくさい臭いを発する蛇が生息している。また、かつて飼育されていたヤギが野生化し島内の草木を食い荒らしているようだ。また、南小島では、乱獲により激減し、今は絶滅危惧種であるアホウドリが繁殖しているとの報告もある。

自然学者にとっては、あまり人の入っていない尖閣諸島の生態系は魅力的な調査対象であるようだ。また、尖閣諸島近海は、魚影豊かな漁場であり、多くの漁船が出漁している。そのため漁船の安全確保のための灯台建設、荒天時の避難港の建設をもとめる声も強い。

一〇〇年ほど前、尖閣諸島には鰹節工場、海鳥の剝製工場などがあり、二〇〇人を超える人々が暮らしていた。人が生活することが十分に可能な島なのである。政府は、現在、尖閣諸島への立ち入りを禁止しているが、一刻も早く島の利用を開始すべきではないだろうか。無人島では、他国に不法占拠されてしまう可能性がある。

対馬

檜造りの巡視艇「たまゆき」

博多湾越しに玄界灘を望むことができる福岡市荒津浜ヨットハーバー。その片隅に海上保安庁解役巡視艇「たまゆき」が、陸揚げされている。「たまゆき」は、一九六六（昭和四

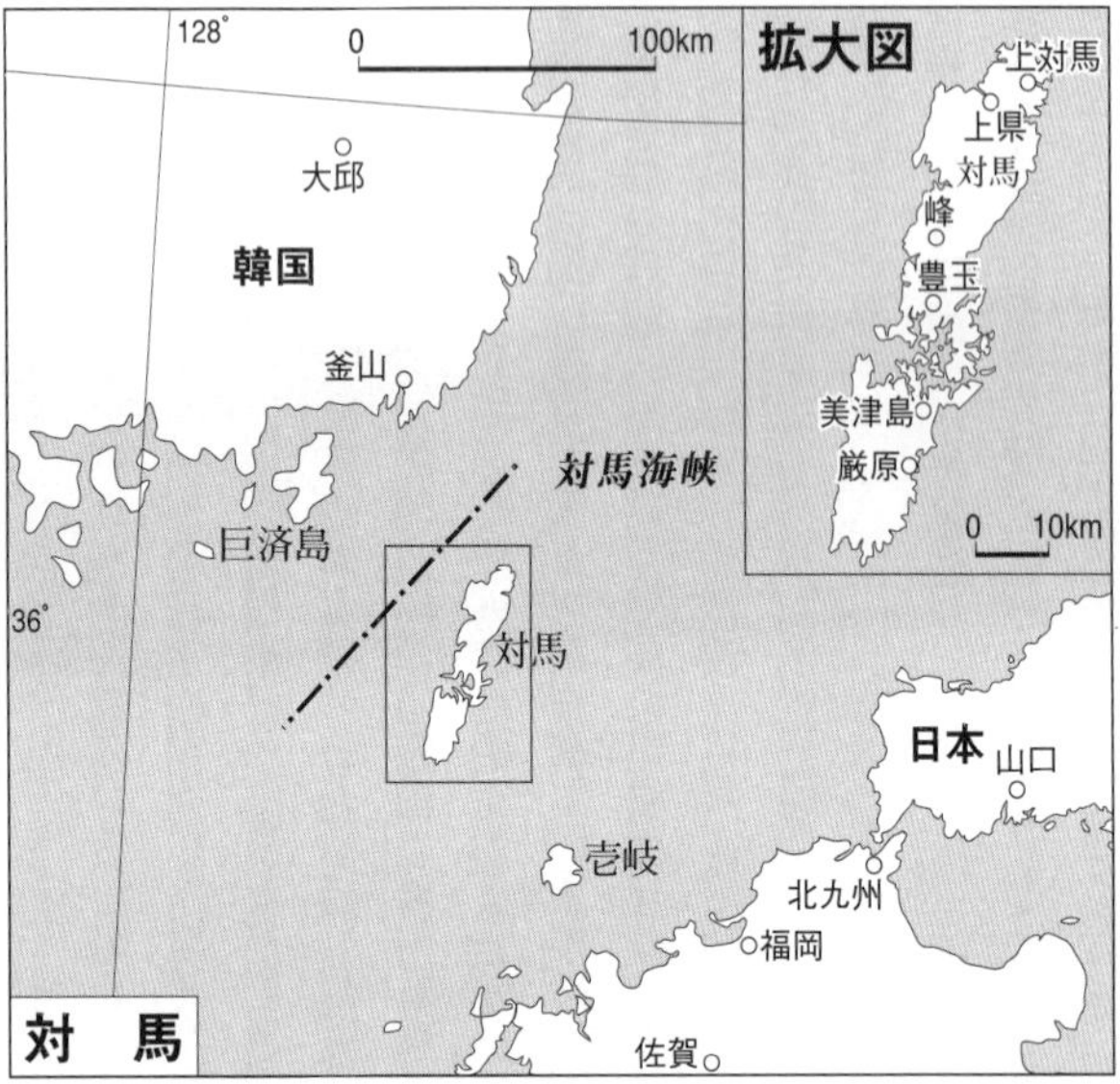

一）年に竣工し、第七管区海上保安本部厳原《いづはら》海上保安部（現・対馬海上保安部）比《ひ》田《た》勝《かつ》海上保安署に配属された二三メートル型の巡視艇である。

第二次世界大戦終結後、朝鮮半島と日本の間に横たわる対馬海峡では、日韓両国の利害と国民感情が対立し混乱の様相を呈していた。一九五二年、大韓民国初代大統領李承晩《イ・スンマン》は、一方的に黄海・対馬海峡・日本海にかけて韓国の専管水域を設定し、日本人漁民を抑圧する政策を取った。この専管水域は大統領の名を取り李承晩ラインと呼ばれた。李承晩ラインは、そもそも公海上に一方的にひかれた境界線である。公海上の漁は原則自由であったはずである。ところが、このラインを越え韓国に近い水域で魚を追った日本漁船は、容赦無く銃撃され、二〇〇隻を超える船が拿捕され、三九二九人が抑留され、四四人が死傷している。

日本漁船、特に対馬漁船にとって生活を支える豊饒な海が、恐怖の海へと変わってしまったのである。日本政府は、韓国政府に対し抗議を重ねたが、事態の改善はなかった。一九六〇（昭和三五）年四月韓国に革命が起こり、李承晩は失脚しハワイに亡命した。

こうして李承晩政権が崩壊した後の一九六五年、ようやく日韓漁業協定が発効し、日本と韓国の間に新たな漁業専管水域が設定された。「たまゆき」は、一〇名の乗組員とともに、この新しい海峡秩序を維持するため、領海侵犯し不法操業を行なう外国漁船の監視、密輸・密航の取締り、波浪高く潮流の強い対馬海峡での海難救助の任務についた。

「たまゆき」の船体からは、やさしい檜の香が漂う。当時の対馬海峡は、緊張した日韓関係下にあり、また、第二次大戦中に敷設された機雷の掃海も任務としており、船体の外板が機雷に触れても爆発しないよう檜でできていたのである。また、朝鮮戦争後、韓国の政情も安定せず、軍事政権の確立などの理由で密航者が後を絶たなかった。「たまゆき」は、就航早々、対馬海峡を縦横無尽に走り回り、海洋秩序の維持に力を尽くした。

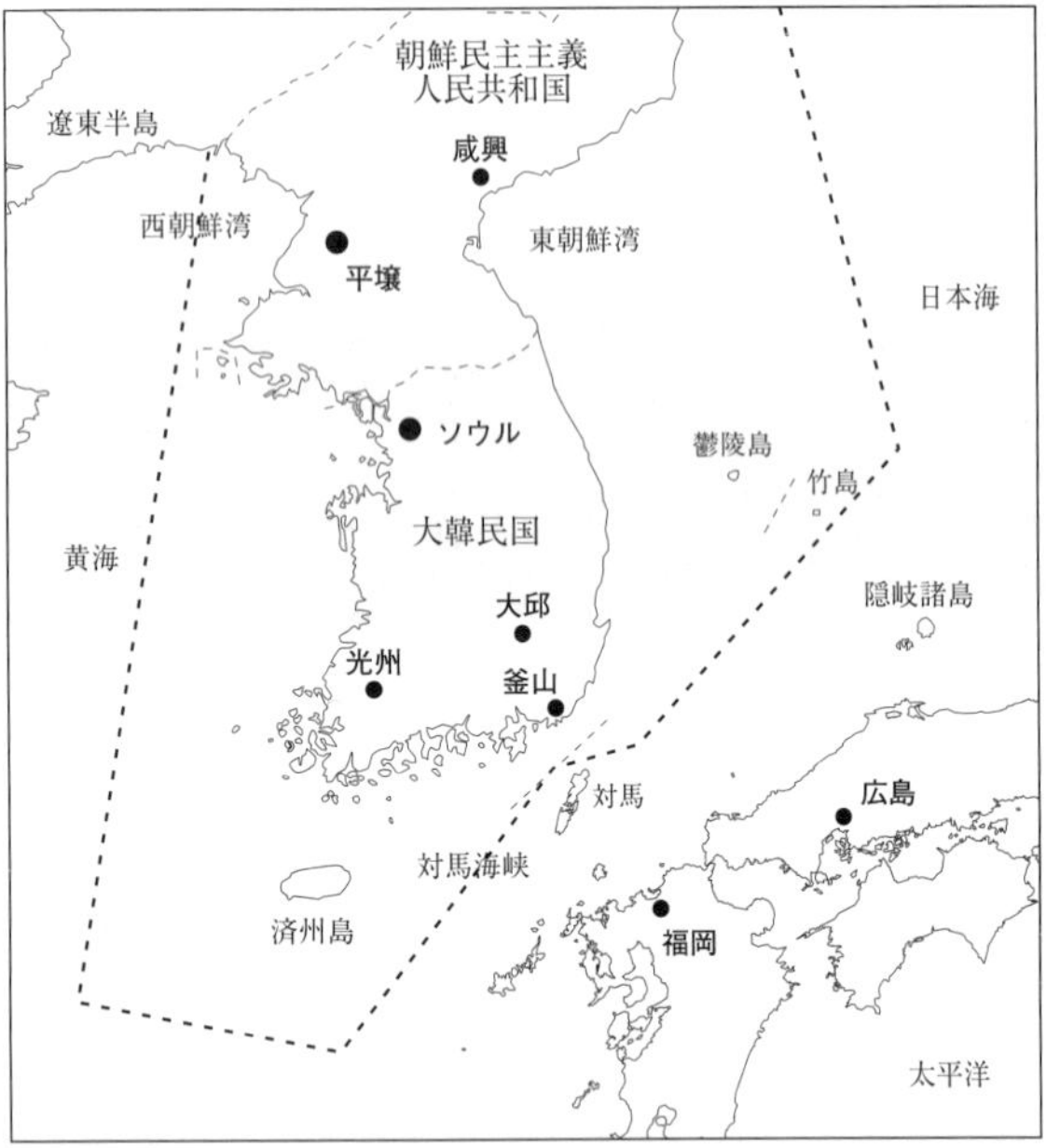

李承晩ライン　1952年、韓国初代大統領・李承晩（イ・スンマン）が海洋主権宣言を発表し、上図のような主権ラインを画定。韓国の主権エリアに竹島が含まれている。これは前年に韓国が「平和条約での返還領域・島しょに竹島を含むよう」希望したが聞き入れられなかったための強行措置であった。

木造の外板をアルミ合金の骨格で支えながら、当時としては高速といえる二五ノットの速力を持ち、荒海を走り続けた「たまゆき」の船体の疲弊は激しく、就役一五年で新鋭艇に道を譲ることになった。一九八四年、最終任地であった大分海上保安部において解役、一九八七年福岡県海洋スポーツ協会に譲渡された。二〇〇四年、同協会の山田昭夫会長が私財を寄付し、日本財団の助成を受けて船内の大規模改装を行ない、「たまゆき」は海洋少年団の子供たちをはじめとする地域の人々が集うコミュニティースペースへと変貌した。山田会長は、子供たちが海や船とふれあう事で、海と共に生きる国・日本を知り、豊かな郷土を次世代につなげてほしいと願い、地元対馬海峡の安全に貢献した「たまゆき」を海洋教育の場に選んだのである。

現在、「たまゆき」は、苦難の現役時代の疲れを癒し、子供たちとともに穏やかな博多湾を見つめている。

前線基地・対馬海上保安部

対馬海上保安部は、一九四八年海上保安庁の発足とともに門司海上保安本部（現・第七管区海上保安本部）内に設立された。当初は、対馬の厳原町に設置されたことから厳原海上保安部と呼ばれていたが、対馬島内の六町が対馬市として合併するはこびとなったことから二〇〇四年対馬海上保安部と改名した。

国連海洋法条約の発効後、各国は海洋権益について大きな関心を持つようになり、複数の国の領海あるいは排他的経済水域が接する海域では、常に国際問題に発展しそうな火種がくすぶっている。この対馬海峡は、中国、韓国との間で排他的経済水域が接し、漁業問題、海底資源開発など幾つかの重要課題が存在している。また、対馬海峡は国際海峡であり、ロシア、北朝鮮関係の船も航行し、安全保障、海難事故防止の観点からも重要な海域である。

対馬海上保安部は、対馬最北部に出先機関として比田勝海上保安署を設置している。保安部の勢力は、比田勝もあわせ総勢約一〇〇名、三〇メートル型巡視艇六隻、高速監視艇二隻で、海の安全確保のため二四時間態勢で臨んでいる。

対馬海上保安部の主な役割は、韓国との国境の最前線で領海警備にあたることと、密輸・密航、外国漁船の違法操業、密漁の取締りなどである。また、韓国海上警備当局の国際法を逸脱した日本漁船の取締りから日本漁船を保護する活動にもあたっている。韓国の李承晩時代には、銃撃、不当拿捕がたびたび行なわれ、日本人の生命が脅かされたため、海上保安官は命を賭して、漁民の安全操業を守ってきた。

一九九九年一月二二日、日韓漁業協定が発効、翌二〇〇〇年六月一日、日中漁業協定が発効し、対馬海峡における新秩序が定められた。新協定により、中国漁船の不法操業は姿を消したものの、最も近い外国である韓国の無許可漁船、不法操業漁船の出没は後をたたず、対馬周辺の日本領海内にまで侵入して密漁を行なう事件も頻発している。

韓国不法操業漁船との戦い

対馬沿岸部は、太平洋を北上する暖流である黒潮から分かれた対馬海流が、九州と朝鮮半島に挟まれた浅く狭い海域に流れ込むため、多くの魚が集まる好漁場となっている。近年、韓国の日本海沿岸部では、釜山をはじめとした急速な工業都市化による海洋汚染とトロール漁業による魚の乱獲により、水揚げ高が激減しているという。そのため、日本（対馬）と韓国の中間に位置するEZラインと呼ばれる境界線付近で操業する韓国漁船の数が極めて多い。この中には、敢えて国際ルールを無視して日本の管轄海域に侵入し、不法操業を行なう漁船もいる。日韓漁業協定では、お互いにEZラインを超えて操業をする漁船は、許可登録されたものに限られている。

対馬海峡は国際海峡であり、船舶の自由航行を確保するため、領海の幅を三海里（五・六キロメートル）に制限する特定海域としている。対馬海峡のほかには、宗谷海峡、津軽海峡、大隅海峡が特定海域とされていて、いずれも国際海峡として、他国の潜水艦も潜水して航行することが許されている。

これらの特定海域では、他の海域の領海一二海里（二二・二キロメートル）と同様に外国人による漁業活動が禁止されている。海上保安庁は、特定海域に侵入し漁を行なった外国漁船を不法操業として取り締まらなければならない。

不法操業外国漁船を発見した場合は、漁業法にもとづき、停船命令をかけ容疑船に海上保安官が乗り込み、必要な捜査を行なうが、停船命令に素直に従う不法操業船は皆無である。大概の不法操業船は、海上保安庁の巡視艇に発見されると蛇行を繰り返しながら巡視艇が追尾できない韓国の一二海里内を目指し高速で逃走する。中には、僚船が巡視艇の進路を妨害し、不法操業船の逃走の支援を行なうこともある。

海が荒れることが多い対馬海峡において、不法操業船を捕捉、停船させることは危険と困難を要する。巡視艇は、不法操業船に船体をぶつける強行接舷を行ない、海上保安官が飛び移って、船内を鎮圧し停船させるが、相手も当然、抵抗してくる。投石や、船具などを投げつけて移乗を妨害したり、過去には移乗した海上保安官を海に突き落とした事例もある。相手が武器を持っていることも考えられ、十分な備えを怠らない慎重さと勇気が必要とされる任務である。また、不法操業は、発見されにくい夜間や海が時化た日に多く、三〇メートル型の巡視艇で荒れた海を高速で走り、強行接舷を行なうためには、高度の操船技術を要する。

対馬海上保安部の海上保安官の平均年齢は三七歳、全国的にみても極めて若い人員配置である。それだけ、体力と気力を必要とする任務地なのである。当然のことながら、部長をはじめ若手の指導にあたる士官たちは、海上保安庁の中でも特に優秀な人材が集められている。

緊迫の不審船拿捕

巡視艇「あさぐも」は、一九七八年に就航した高速巡視艇であるが、齢二六を迎え、二〇〇五年二月には解役されている。就航当時は、最速三五ノットで対馬海峡を走り回ったが、いかにエンジンの整備がよくても、老朽化した今では三〇ノットを出すことがやっとである。乗組員は一〇人。船は古いが、乗組員は若手が多く、狭い船内は、常に活気に満ち溢れている。

二〇〇四年一一月一四日、二一時三〇分。「あさぐも」は、通常のEZラインの哨戒任務につくため対馬の厳原港を出航した。天気はうす曇、新月を過ぎたばかりで闇夜に近く、レーダーが頼りの哨戒行動であった。

二三時を過ぎた頃、対馬島の最北端三島の北西沖を航行する不審な船影をレーダー内に発見、位置は、日韓漁業協定線より約一海里日本側に入った所であった。

「あさぐも」は、相手に気付かれないように追尾接近し、船型、船名の確認を急いだ。不審船を目視確認したところスタントロールと呼ばれる大型底引き網漁船であった。日本の管轄海域での大型底引き網漁は禁止されている。この船は、不法操業船である疑いが濃い。さらに近づくと、この船は船名も隠していた。「あさぐも」の乗組員は、対馬海上保安部、比田勝海上保安署所属の僚船に連絡をとり支援を依頼した。通常、大型漁船の拿捕には、二隻以上の巡視艇で対応するのである。しかし、僚船は近い海域にはおらず、このままでは、不審船に逃亡されてしまう。「あさぐも」船内では若手を中心に、単独でも捕捉行動に入りたいとの声があがった。不審船は、「あさぐも」の接近に気付いていないようであり、指揮官は、単独での行動を決断した。

十分に距離を詰めた段階で、不審船に漁業法にもとづき停船命令を出し、警告弾を投擲した。しかし、不審船は、ジグザグ航行を行ないながら一〇・五ノットのスピードで韓国領海へ向け逃亡を開始した。

日付が変わった〇時三〇分。「あさぐも」は、不審船に強行接舷を行ない、韓国語に精通した国際捜査官を含む二名の海上保安官が、拳銃を携帯して不審船に飛び乗り、船橋にいた韓国人船長と通信士の身柄を拘束し、船を拿捕することに成功した。拿捕位置は、日韓漁業協定線より韓国側一・五海里の位置であった。国連海洋法条約によると日本の排他的経済水域内で犯罪を起こした船舶を見失わず追跡を続ければ、他国の排他的経済水域内でも逮捕することができるのである。

船は、韓国籍の大型底引き網漁船「第九ヘギョン号」（一三九トン）で、不法操業を行なうため船を移動させている途中、「あさぐも」に発見された。乗組員は、一五名。「あさぐも」に追尾され、拿捕されるまで、船橋にいた二名以外は、眠りについたままだった。幸運にも「あさぐも」は、無抵抗に近い状態で、韓国不法操業漁船を拿捕し、同漁船の船長を立入検査忌避の現行犯で逮捕することができた。「第九ヘギョン号」の船長は、気付かずに日本側に入ってしまったとの弁明を述べたそうだが、同号は、電子海図や最新のGPSプロッターやレーダーを持つ、プロの不法操業船であったことが判明している。もちろん電子海図には、日韓漁業協定線が書き示されていた。

通常、拿捕された韓国漁船は、二〇〇〇万円程度の担保金を払えば本国に送還される。担保金とは、後日、取調べや裁判のために要請があれば出頭することを約して支払う金で、約束を破れば担保金が没収される仕組みになっている。韓国漁船にとっては、罰金と同じであり、よほどのことが無い限り、日本側の出頭要請に応えることは無い。

大型底引き網漁は、海底の魚を根こそぎ捕ってしまう。漁業資源枯渇の原因の一つとされ、漁場を海の底から壊す、悪質な漁の手法であり、日本では多くの海域で禁止されている。日本人の食生活を支える漁業資源の維持のためにも、海上保安庁の活動は重要な役割を担っているのである。

漁業資源維持のために

事件の三日後の一一月一八日、私は、対馬海上保安部の小林正幸部長に随行し、巡視艇によるEZラインの哨戒活動に同行した。午後一時、厳原港を出港した巡視艇は、万《まん》関橋《ぜきはし》の下をくぐり、浅茅《あそう》湾を抜け、対馬海峡西航路へと出た。万関橋は、一九〇〇（明治三三）年、日露戦争に備え、日本海軍が上対馬・下対馬間を貫き対馬海峡を横断できるように掘削した水路の上に高くかけられた橋である。天気もよく日中の哨戒であったので、付近で漁をする数多くの漁船を目視することができた。

日韓両国の漁船は、日韓漁業協定線を挟み一海里も離れていない海域で操業を行なっている。ちょうど協定線の付近が好漁場になっているそうだ。私が乗船を許された巡視艇は偶然にも、活躍したばかりの「あさぐも」であった。私たちを乗せた「あさぐも」は、対馬海峡を東から西へと走った。

午後二時三〇分ごろ、「あさぐも」のレーダーは、二・五海里前方の日本側に不審な航跡の船を捕らえた。

「捕捉しますか」若手の乗組員が船長にたずねた。

船長は、横目で小林部長の顔を確認し、乗員に向かい頷いた。

「採証開始します」若手乗組員は、ビデオカメラを取り出し、ＧＰＳプロッターに映し出される不審船の航跡を記録し始めた。

機関長は、ＩＣレコーダーに不審船の行動ひとつひとつを言葉に表して記録した。

拿捕後、領海侵犯の証拠として、相手の航跡、相手の行動を逐一記録しておく必要があるのだ。

「あさぐも」は、フルスピードでその海域へと向かった。

目視できる距離まで近づくと漁船の船型分析が得意な操舵手が、「日本のアナゴ船です」と船型を断定し、船内に安堵の雰囲気がながれた。

そのアナゴ船の近くの韓国側海域には、韓国海洋警察庁の巡視船「3001号」の姿があった。3001号は、三〇〇〇総トンはある大型巡視船である。漁に夢中になりすぎたアナゴ船は、境界線に近づき過ぎ、韓国巡視船の姿が見えたため、慌てて日本側海域の安全な場所まで移動したようだ。その航行が巡視船からは不審に見えていたのだ。

韓国人も日本人と同様に魚を食べるのが好きである。そのため日韓の漁業協定線は、両国の漁業資源確保のため、いつも緊張した状態になっている。互いにルールを守ることが、漁場の維持管理に欠かせないことである。近年、日本の海上保安庁と韓国海洋警察庁は、長官会合を定期的に開催すると共に情報連携、共同警備訓練を行なうなど協力態勢を構築し始めている。

日本沿岸で、アワビを密漁する韓国高速潜水器密漁船を取り締まるためには、韓国側の情報提供と捜査協力が重要である。高速密漁船は、五〇ノット（時速九二・六キロメートル）近いスピードで航行し、巡視艇では追いつけないことがあるからだ。韓国においてもアワビの商品価値は高く、高値で取引されている。潜水器密漁船は、日本沿岸に夜間やってきて、潜水器を使いアワビの密漁を行なう。密漁船一隻の水揚げは、日本円にすると年間一億円を超えるそうである。日本側での密漁の情報があった場合、韓国海洋警察庁に連絡し、取締りを依頼する。韓国海洋警察庁では、釜山などに潜む密漁船を特定し、常に動向を監視するようになった。両国の海上警備機関の協力が、日韓共通の魚食文化を守るために不可欠なことは確かだ。

対馬で発行されている地元新聞に「あさぐも」に関する投書が載っていた。「対馬中部の浅茅湾で小型貨物船が座礁し、燃料油が海上に流れる事件があった時、駆けつけた海上保安庁巡視艇『あさぐも』の乗組員は、油にまみれながら一生懸命に流出油回収作業にあたっていて好感を持てた。それまで、海上保安庁は取締るばかりで良い印象を持っていなかったが、『あさぐも』の乗組員の姿で、海上保安庁への見方が変わった」という内容の記事であった。

対馬海上保安部の江藤繁文次長は、「通常任務を果たしただけです」と言っていたが、顔には笑みを浮かべ、部下の行動が地元に感謝されていることに誇らしげであった。

二〇〇五年二月に巡視艇「あさぐも」は、輝かしい業績を残し、解役を迎えることになった。

七世紀の白村江の戦いから

対馬は、国境の島である。おそらく日本人がはじめて国境という意識を持ったのは、この対馬からであろう。

七世紀、大和朝廷の頃、日本は朝鮮半島と密接な関係を持っていた。当時、朝鮮半島では、唐・新羅の連合軍が勢力を伸ばし、日本の友好国・百済を攻め、国家存亡の危機へと追い詰めていた。百済の支援要請を受けた日本は、斉明天皇自ら救援軍に加わり、筑紫（福岡県）まで軍を進めたが、六六一年、当地の朝倉宮で崩御。中大兄皇子（後の天智天皇）が代わって称制をとり、翌年、百済への援軍が送られた。日本軍の前将軍は西国に基盤を持つ阿曇比羅夫《あずみのひらぶ》、後将軍は蝦夷平定で名高い阿倍比羅夫《あべのひらぶ》であったとされている。

派遣軍は、日本の水軍の総力をあげたものであったが、六六三年、朝鮮半島の南西部錦江《クンガン》河口の白村江で唐の水軍に破れ、百済は壊滅し、日本軍は九州へと逃げ帰った。歴史に残る白村江の戦いである。

翌六六四年、中大兄皇子は、唐・新羅連合軍の追撃を恐れ、対馬の地を国境最前線基地とし、防人《さきもり》を置き国境監視にあたらせるとともに烽《すすみ》という烽火台を配置し臨戦態勢をとった。

中大兄皇子は、六六七年、唐・新羅連合軍の脅威から逃げるように、海から離れた近江国大津宮に遷都し、翌年、ようやく即位し天智天皇となる。

白村江の戦いの大敗以後、日本人は初めて国境線を明確にし、国防意識を持ったのではないだろうか。外国勢力の脅威が、日本の国に殻を作り、国境警備が厳重に行なわれるようになった。

六六七年、対馬島の西側の海を見下ろす標高三七五メートルの岩山（城山）を取り囲むように金田城《かねたのき》が作られ、専守防衛態勢が整えられた。金田城は、当時の石塁が稜線に今も残されている、国内では珍しい朝鮮式の山城である。六六五年に築かれた筑紫の大野城が、百済からの亡命者により作られていることから、金田城の築城にも百済人が関与したことは十分に考えられる。

対馬に派遣された防人は、遠く海の向こうの朝鮮半島の方向を四六時中見張り続けた。もし、国境線を越え敵が攻めてきたならば、烽を上げる方法で、壱岐島経由で大宰府に連絡され、水城《みずき》を最終攻防線と想定した本土防衛態勢が敷かれる計画であった。

幸い、唐と新羅の内部分裂により追撃は免れたが、以後、対馬は国境の最前線として国防最前線基地の役目を負うことになる。

古来、日本の玄関として

対馬が初めて歴史上に登場したのは、中国の魏の史書「魏志」の「東夷」の条に収められている倭人に関する記載であろう。一般に「魏志倭人伝」と呼ばれているもので、一九八八文字からなっている。「魏志」は、中国の三国時代の魏（二二〇〜二六五年）の正史であり、三世紀末に西晋の陳寿が撰した「三国志」の一部である。魏の始祖は、三国志の英傑のひとり曹操である。

「倭人は帯方の東南の大海の中に在り。山島に依りて国邑《こくゆう》を為す。もと百余国、漢の時、朝見する者有り。今、使訳して通ずる所三十国」

よく知られた魏志倭人伝の冒頭の一節である。日本人は、朝鮮半島の東南の島に暮らし、幾つかの国に分裂していると、以後続く、日本紀行の前書きである。

魏志倭人伝においても日本の玄関として対馬が紹介されている。

「始めて一海を渡ること千余里、対馬国に至る。その大官を卑狗《ひく》と曰い、副を卑奴母離《ひなもり》と曰う。居る所絶島にして、方四百余里ばかり。土地は山険しく深林多く、道路は禽鹿《きんろく》のこみちの如し。千余戸有り。良田無く、海物を食いて自活し、船に乗りて南北に市《し》糴《てき》（米を買う）す」

朝鮮半島から対馬まで一〇〇〇余里とは、いささか大げさではあるが、それだけ厳しい航海であったのだろう。山が多い絶海の孤島、紛れも無い対馬の自然描写である。田が少なく産業は漁業依存で、当時から上対馬・下対馬に分かれ集団生活を行なっていた様子がうかがわれる。

対馬は、大陸の文化が最初に訪れる「日本の地」である。対馬には、朝鮮半島との交流を伝える遺跡や古い言い伝えが今も数多く残っている。

対馬から倭人の支配する地域に入ると、一《い》大国《きのくに》、末盧国《まつらのくに》と海路で進み、陸路にて、伊《い》都国《とのくに》、奴国《なのくに》、不《ふ》弥国《みのくに》を経て再び船に乗り、投《と》馬国《まのくに》を経由し、女王の都する邪馬台国に到着するのである。一大国は壱岐国。末盧国は松浦。伊都国は糸島。奴国は那の津、現在の博多、と想定されるが、以後に登場する国の現在地は不明である。

魏志倭人伝は、日本を紹介する地誌として、極めて興味深く、多くの日本人の歴史ロマンをかきたてている。

記紀に描かれた倭の国

日本の史書にも対馬は早い時期から登場している。

現存する日本最古の歴史書である「古事記」には、イザナキ、イザナミの男女二神が結婚し、人々の住む土地（島）を生んで行く話が書かれている。古事記は、天武天皇の勅により稗田阿礼《ひえだのあれ》が誦習した帝記および旧辞を、元明天皇の勅により太安万侶《おおのやすまろ》が文書にまとめ七一二（和銅五）年に献上したものである。

二神がまず生んだ島は、①淡道之穂之狭別島《あわじのほのさわけのしま》（淡路島）、②伊予之二名島《いよのふたなのしま》（四国）、③隠伎之三子島《おきのみつごのしま》（隠岐島）、④筑紫島《つくしのしま》（九州）、⑤伊伎島《いきのしま》（壱岐）、⑥津島《つしま》（対馬）、⑦佐度《さどの》島《しま》（佐渡）、⑧大倭豊秋津島《おおやまととよあきづしま》（本州）で、これが八島で、全体を大八島国といっている。対馬は、八世紀には日本を構成する重要な島のひとつにノミネートされているのである。

「日本書紀」においてもイザナキ、イザナミの二神の結婚による国土創造が始まる。天《あま》瓊矛《のぬほこ》で滄溟《あおうなはら》を掻き探り引き上げたとき、矛の先から滴り落ちた潮がかたまり磤馭慮島《おのごろじま》ができ、その島に二神が天より降り「共為夫婦《みとのまぐわい》して、洲国《くにつち》を産《う》生まんとした」のである。そして生まれた島は、①淡路洲《しま》、②大日本豊秋津洲、③伊予二名洲、④筑紫洲、⑤億岐洲、佐度洲、⑥越洲、⑦大洲、⑧吉備子洲の八洲で大八洲国とよばれた。

「対馬嶋、壱岐嶋及び処々の小島は、皆是れ潮の沫の凝りて成れるものなり、亦は水の沫の凝りて成れるとも曰う」とあり、日本書紀においては、「嶋」は「洲」と区別されていた。対馬は壱岐とともに、八洲とは区別され、潮の沫や水滴からできたものと書かれたのである。

「日本書紀」は、七二〇（養老四）年に舎人親王の撰により作られた最古の勅撰の正史であり、神代から持統天皇までの朝廷に伝わる神話・伝説などが漢文で書かれた編年体の史書である。

いずれにしても対馬は、日本が国家を意識し、記録を残した時には、日本の最端の島として史書に登場しているのである。対馬は太古より日本の一部であった証である。

対馬と朝鮮半島の距離は、およそ五〇キロメートル、対馬と九州・博多との距離はおよそ七〇キロメートル。それでも対馬は倭人の国であり、対馬の民は日本人として生きてきたのである。

戦いに明け暮れた対馬海峡

六六三年の白村江の戦い以来、対馬海峡は日本と朝鮮半島勢力の攻防の海となる。

白村江の戦い以前、朝鮮半島と日本の交流は活発であった。その様子は、石上神宮《いそのかみ》（奈良県天理市）に伝わる「七支刀《ななつさやのたち》」に刻まれた六一字の銘文にみることができる。この銘文には泰和四年との記載があり三六九年に書かれたものと推察され、当時、日本は朝鮮半島南部に支配下地域を持ち、百済と修好していたことが読み取れる。

また、四一四年に高句麗により中国の吉林省の鴨緑江岸に建立された「好太王碑」には、三九一年から四〇七年にわたる倭と高句麗の交戦の記録が残り、日本の朝鮮半島進出を知る史料とされている（ただし、この碑文は、後世に改削された可能性もある）。「日本書紀」には、朝鮮半島南部を日本の支配下におき、統治機関として任那に日本府を置いていたとの記述も残る。

その後、紆余曲折があり、白村江の戦いが一大転機となり、日本は朝鮮半島への影響力を無くすこととなった。

歴史上、対馬は朝鮮半島情勢に翻弄されながらも日本の最前線基地の役割を果たし続け、そのため対馬と島民が受けた被害も甚大であった。

一〇世紀前半には、新羅海賊が頻繁に来襲した。また、一〇一九（寛仁三）年には沿海州地域の女真族が五〇隻ほどの船で対馬・壱岐から筑前にかけ襲来する事件がおきた。

この事件は「刀伊の入寇」と呼ばれ、対馬の被害は、殺害された者一二六人、連れ去られた者四三〇人、その他牛や馬が奪われている。壱岐での被害は殺害一四八人、拉致二三九人、筑前では殺害一八〇人、拉致八〇四人と九州北部沿岸一帯は多大な被害を受けた。

その次に対馬が外敵の侵攻を受けたのは、一二七四年の文永の役、一二八一年の弘安の役の二回にわたる元寇で、守護代宗助国以下武士はことごとく討ち死に、島民の多くも虐殺され、一部の山間部に逃げ隠れた者だけが生き残ることができた。

当時、元において日本は、金銀を産出する豊かな国であると流布されていた。そのことは、マルコ・ポーロの「東方見聞録」によって知ることができる。日本に興味を抱いた元の皇帝フビライは、一二六七（文永四）年以来、日本に朝貢を求め使者を送ったが、鎌倉幕府は、これをことごとく拒絶し、業を煮やしたフビライは武力行使の挙に出た。文永の役では、高麗軍を尖兵に対馬、壱岐で殺戮の限りを尽くし、博多湾を襲ったが、緒戦で日本軍に大打撃を与えたものの暴風に遭い、三万人の軍勢のうち一万人が死亡したといわれている。この暴風は、「あなじ」と呼ばれる強い北西風で、文永の役が起きた旧暦一〇月（現在の一一月）の対馬あたりでは、強い「あなじ」が吹くことは珍しくない。「あなじ」が吹くと海に三角波が立ち、漁師たちは、すぐに漁をあきらめ網を引き上げて母港へと急いで帰る。「あなじ」は冬の到来を教える風で海が本格的に荒れだす兆候なのである。

弘安の役においても対馬は多大な被害を受けたが、元軍は台風の被害を受けて撤退した。伊万里湾では停泊中の軍船約二九〇〇隻が一夜にして姿を消し、日本への侵攻をあきらめることになった。

元寇以降、対馬や九州北部沿岸の人々は武装し、朝鮮や中国の沿岸部や船を襲うようになり、倭寇として恐れられた。長崎県北部から佐賀県にかけての対馬海峡沿岸部に基盤を置き中世に活躍した武装集団「松浦党《まつら》」は、元寇の時、領地が焼き尽くされ、武士はもとより多くの住民が殺されている。倭寇の中心に、この「松浦党」がいて、元寇の恨みが残虐な海賊行為へと発展していったと考えられている。倭寇の出現により、朝鮮半島と対馬の間では、海上において武装抗争が繰り返されるようになった。

一四一九（応永二六）年六月、朝鮮の軍船が対馬を襲撃し、戦争状態に入る事件が起こった。これは日本では「応永の外寇」と呼ばれ、朝鮮では「己亥東征」と呼ばれている。朝鮮は、度重なる倭寇の被害に対し、倭寇の本拠地のひとつである対馬を二〇〇隻の軍船で襲撃、対馬中部の浅茅湾に侵入したが、宗貞盛《そうさだもり》により撃退されている。翌年、朝鮮の使節が対馬、博多経由で京都に上り、足利将軍義持に対し、対馬出兵の申し開きを行ない、戦後の講和が成立した。以後、倭寇の朝鮮襲撃は終息し、対馬と朝鮮の間では平和な貿易関係が築かれるようになった。朝鮮は、倭寇対策として正規の交易者に対し特権を与え貿易を推進した。この貿易は、一五一〇（永正七）年の三浦《さんぽ》の乱が起こるまで盛んであった。三浦の乱とは朝鮮において日本人の居住が許されていた三地域の居留民が待遇に不満を持ち争乱にまで発展した事件である。この乱を契機に朝鮮は対日貿易に関し厳しい制限をつけるようになった。この状況を逆手に取った対馬は、朝鮮の要望に対応することで、朝鮮との通商交易権を独占することができた。

豊臣秀吉の行なった朝鮮出兵（一五九二年文禄の役、一五九七年慶長の役）に対馬は否応なしに巻き込まれることになった。この二回の出兵では、多くの住民が徴兵され朝鮮半島にわたり、島は兵站基地となって戦争の真っ只中におかれ、朝鮮との交流も途絶えた。朝鮮出兵以前は、対馬の財政において貿易など朝鮮との関係で得る収入が多く、朝鮮との断交は対馬にとって痛手となり、領主宗義智《よしとし》は、和平交渉に奔走した。

江戸時代の鎖国下においては、対馬は対朝鮮外交の単独窓口となり、海峡を挟んでの紛争は少なく、幕府に認められた貿易を振興していた。米の収穫高の少ない対馬では、朝鮮貿易が藩の生命線となっていた。

対馬は、朝鮮との外交窓口として、朝鮮からの来聘使節である朝鮮通信使の饗応係を受け持ち、日朝外交を担い幕末を迎えている。

明治維新後は、征韓論が起こり、一九一〇（明治四三）年には日韓併合条約が調印され、日本による統治が始まり、第二次世界大戦終結まで続く。戦後は、李承晩ラインの設置により、日本漁民が銃撃され、拉致されるなど対馬海峡は険悪な雰囲気となる。

現在では、韓国釜山と対馬の厳原の間を定期客船が行き来し、年間一万六〇〇〇人の韓国人観光客が対馬を訪れている。しかし、対馬において韓国人の良い噂は聞かない。「韓国人は騒がしく、治安が乱れる」「韓国旅行者は、金を落とさない」など不満の声が多いのも事実である。対馬と韓国の間の海峡には、いまだ歴史の壁が厚く立ちはだかっているようだ。

ロシア軍艦が侵入

一八六一（文久元）年二月、ロシア軍艦ポサドニック号が対馬中部の浅茅海に来航し、投錨した。ポサドニック号は航海中に破損したので、修繕のため当分停泊したいと対馬藩に申し入れてきた。対馬藩では、賛否両論紛糾したが、重役は修繕のための停泊を許可した。艦長はビリレフといい、船内には三六〇人の乗員が居て、食糧の牛・鶏・野菜・卵などと修繕のための人夫と木材を要求してきた。藩側は、野菜の提供はできるが牛・鶏はできないと返答したが、ロシア艦は納得せず、湾内で頻繁に移動するなど不審な行動をとり始めた。三月になると勝手に樹木を伐採し船に運び込み、また、兵員を上陸させて家を立て一部の地域を占拠し居住をはじめた。

当時は、尊王攘夷の風潮が盛り上がった時代で、ロシア艦に対し敵愾心を燃やす藩士も多かったようだ。そんな中、ロシア艦の乗員は、上陸して食物を盗むなどの行為を行ない、制止した番所の役人に発砲し殺害する事件が起こり、島内が騒然とした。

五月七日には、幕府軍艦咸臨丸に乗って、外国奉行小栗忠順《ただまさ》が来航し、ロシア艦に撤退の要求をしたが不調におわり、江戸に帰っている。

七月二二日にロシアの政策に危機感を募らせた英国が、対馬支援のため東印度艦隊旗艦エンカンラールと僚艦一隻を派遣。両艦は、浅茅湾に入港した。艦隊司令官ホープ提督はロシア艦に退去を要求、武力行使もちらつかせた。その結果、八月一五日ようやく抜錨し、立ち去った。

ロシア艦の目的は、日本海の入り口である対馬に基盤を置くためであったとの見方が強く、実効支配される危機であったようだ。対馬では、この事件を「露寇」とよび、「ロシア人は恐ろしい」と今も言い伝えられている。

竹島

還らぬ島

北緯三七度九分、東経一三一度五五分、隠岐島の北西一五七キロメートルの海上に竹島はある。日本海の中に点のように浮かぶ岩礁である。

本来、無人島で、かつては初夏になるとアシカが群集し魚介類も豊富に取れ、島根県や鳥取県の漁民の貴重な漁場となっていた。

日本が竹島を正式に領有したのは、一九〇五（明治三八）年二月二二日のことであるが、それよりかなり以前から漁師達は渡航していた。日韓併合以前に、日本は竹島を領土としていたのである。

ところが、一九五二（昭和二七）年、韓国は一方的にこの島の領有権を主張し、武力

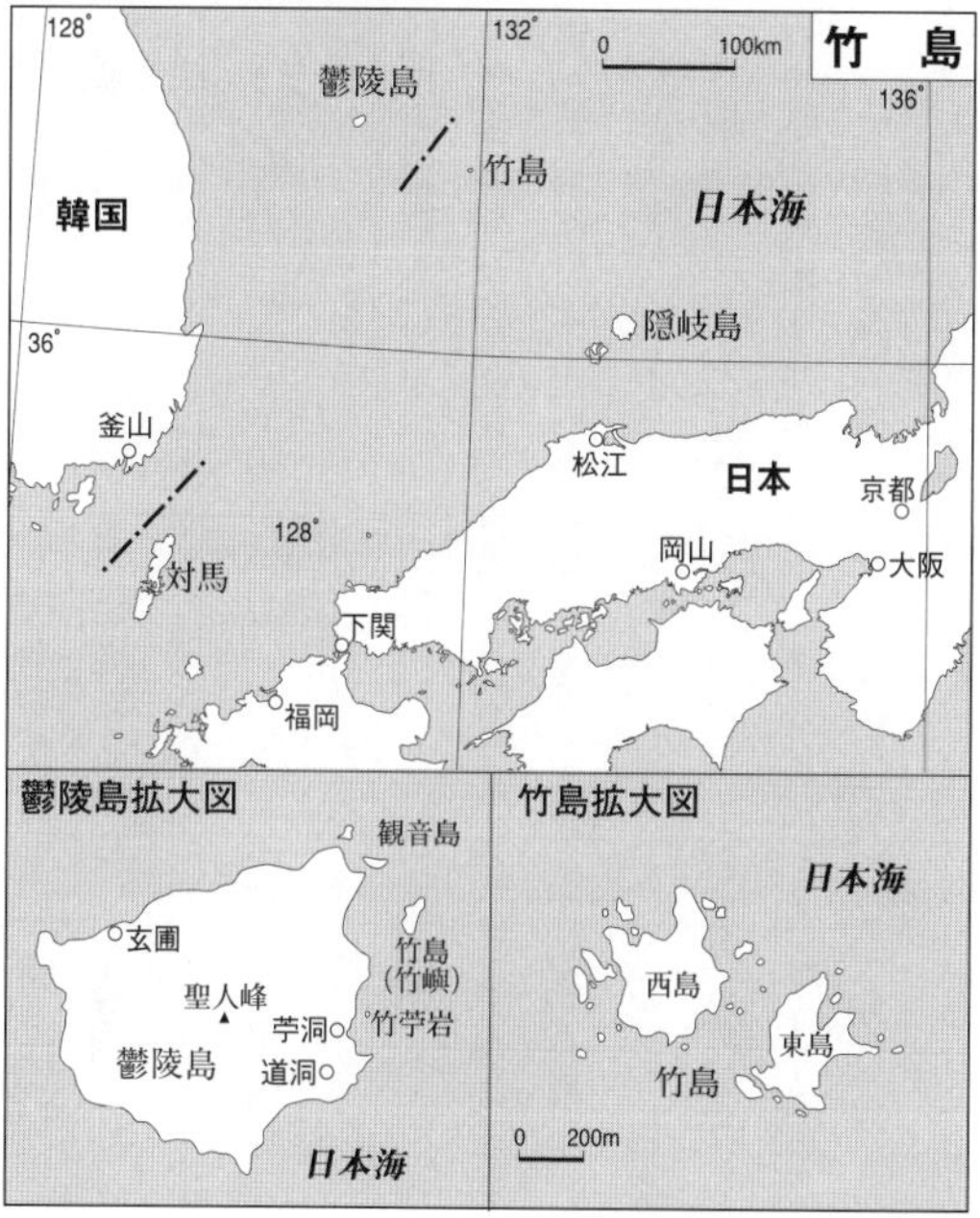

により実効支配してしまった。李承晩ラインの内側に竹島を組み入れたのである。

海上保安庁の巡視船は、領海哨戒のため、年間数回、竹島の沿岸に近づいている。かつては、至近距離まで近づいていた。一二海里以内に入ると韓国海洋警察庁の巡視船が急速で接近し、警告後二回威嚇射撃をされる。それでも警告を無視して進行すると、船体の五〇メートルほど先に威嚇射撃を行なわれ次は船体を狙うと警告される。ここで、竹島への接近は諦めなければならない。実効支配とは、このように武力の行使を前提に行なわなければならないものなのだろう。

第二次世界大戦終戦後の処理にあたり、連合国最高司令部（GHQ）は「一定の遠隔地域の日本からの政治的・行政的分離」という訓令（連合軍総司令部覚書第六七七号）を出した。この訓令の中において、日本領から除外する島の中に鬱陵島《ウルルンド》、済州島《チェジュド》とならび竹島も入っていた。しかし、これは、あくまでも訓令で、GHQの支配下にあった一時期、竹島が日本領から除外されたと考えるべきであろう。

戦後処理の総決算である一九五一年に締結されたサンフランシスコ平和条約においては、竹島は日本の固有の領土であることが認められ、日本の権利、権限を放棄する旧朝鮮の島としては鬱陵島、済州島、巨文島《ジェオムンド》の三島が記載された。

この条約の草案を入手した韓国は、前記三島のほかに独島《トクト》（竹島）、波浪島《バランド》、対馬島《テマド》を含めて、返還するよう米国に要求している。しかし、対馬島は歴史的に見ても完全に日本領であり、波浪島は東シナ海に浮かぶといわれる伝説の島で実在すらしておらず、竹島はGHQが認定したように日本固有の領土で、朝鮮が領有した歴史的事実は無いところから、要求が連合国に受け入れられることはなかった。

サンフランシスコ平和条約にもとづき、竹島が日本の領土であることが確認されると知って、韓国は武力占領に出たのである。当時の日本は、第二次世界大戦の痛手がさめやらず、ＧＨＱの支配下にあり、国家の主権も容易に主張できる状況ではなかった。日本がサンフランシスコ平和条約を批准し、発効することで国家の体制を立て直す前に、韓国は先手を打ったのである。

日本政府は、竹島の領有権を国際司法裁判所に委ねることを韓国に提案したが、韓国が受け入れるはずも無く、そのまま泣き寝入りの状態である。国際司法裁判所への審判請求は関係両国の同意が無ければ受理されない制度になっている。

すり替えられた歴史

韓国の竹島領有の主張は、そもそも錯誤にもとづいている。江戸期に日本と朝鮮の間で領土の問題が発生した鬱陵島に付属する竹島という小さな島を、いつのまにか現在の竹島にすりかえてしまった。現在の竹島は、二〇世紀初頭まで松島またはリャンコ島と呼ばれていた。リャンコ島とは竹島が西島と東島の二つの岩礁からできていることに由来する。また、誤解を生じやすいことに日本では、鬱陵島を竹島と呼んでいたのである。

朝鮮では、一七世紀後半、安龍福《アンヨンボク》という人物が、鬱陵島と独島が朝鮮領であることを日本に渡航し認めさせたとしている。しかし、日本側の史料によると、鬱陵島で勝手に漁をしている朝鮮人を米子（鳥取県）の漁船が日本に連れ帰り裁きを受けさせようとしたと記録されている。当時、鬱陵島は日本領であると考えられ、鳥取の漁師たちがアワビなどの魚介類を取るために渡航していたのである。米子の漁船は、安龍福を漁場を荒らす、密漁者、密入国者として連れ帰ったのである。当時の朝鮮は、海禁政策をとっていて鬱陵島への渡航は禁止されていた。犯罪者である安龍福が帰国後、朝鮮の官憲に対し自己を正当化して説明したことは、かなり事実と異なっていたようだ。しかも証言は二転三転しているのである。竹島問題の歴史的背景は、下條正男氏「竹島は日韓どちらのものか」（文春新書）の中に詳しく書かれているが、韓国の歴史解釈は為政者が変わるたびに変更され、事実が歪められているようだ。

現在の竹島、韓国で言う独島には、韓国海洋警察庁の武装警官が駐在している。軍ではなく警察権を使い、あくまでも自国領の治安維持のためという名目で治めているのである。

二〇〇四年一月、韓国で竹島をモチーフとした記念切手が売り出されたことが、日本

隠岐島の北西157kmにある竹島（毎日新聞社提供）

の新聞で報道された。竹島周遊の観光船も就航しているそうである（日本人が、この観光船の乗船を申し込んだところ拒否された）。実効支配も五〇年を過ぎると、歴史的事実となり、島の領有権も認めざるをえなくなる可能性もある。

日本が竹島を正式に領有していた期間は、一九〇五年から一九四六年までの四一年間である。既に韓国が実効支配している年月のほうが長くなってしまった。国際機関に領土問題の解決を諮るには、あまりにも時間が経ち過ぎ、日本にとって不利な状況にあるのは否めない。もし、竹島を取り戻そうとするならば、武力には武力をもってするしかない。しかし、我国の社会は、自国の武力による実力行使を許すことはできないだろう。

韓国にとって竹島＝独島の領有は民族のプライ

「独島は韓国領土」表記地図（矢印がウルサ島）
1894年9月3日付のフランスの日刊紙「ル・プティ・ジュルナル（Le Petit Journal）」に収録された地図。

ドをかけた問題になっている。

一九六五年、韓国の朴正熙大統領は、訪問先の米国ワシントンでラスク国務長官と対談した際、「竹島に日韓が共同管理する灯台を設置し、帰属をこだわらないようにしてはどうか」との提案を受けた。朴大統領は、「うまく行かないだろう。小さいことだが腹立たしい問題のひとつだ。解決のために、爆破して消してしまいたい」と答えた。大統領が竹島を日本に渡すぐらいなら島ごと消してしまいたいと思うほど、国民感情に触れる問題なのである。

すでに、日本海で漁をする日本の漁船は、竹島に近づくことは無い。多くの日本人にとって竹島は忘却の彼方の島である。独島死守を叫ぶ国と国民の大半が関心を持たない国では、既に勝負がついているようだ。日本政府の外交政策では、竹島の返還を韓国に強く要求することもなく、永い年月が過ぎてしまった。竹島は、独島となり、二度と還らぬ島なのかもしれない。

余談であるが、二〇〇四年一月一五日の朝鮮日報のインターネット日本語版に、一八九四年にフランスの新聞社が掲載した地図に、独島がウルサ島（于山・現竹島）という表記で韓国領内に記載されていて、独島は歴史的に見ても韓国の固有の領土であるとの記事と地図の写真が掲載されていた。ところが、その地図の中央には、「ＭＥＲ　ＤＵ　ＪＡＰＯＮ」と「日本海」の名が大きく記載されていた。

韓国は、日本海を「東海」と呼ぶのをあきらめ、「日本海」であることを歴史的事実として認めたということなのだろう。

北方領土

北方領土問題への認識

二〇〇四年九月二日、小泉純一郎内閣総理大臣は、根室を訪れ、北方領土の視察を行なった。現職の総理としては、三人目の北方領土視察であり、はじめての海上からの視察である。小泉総理は、花咲《はなさき》港より、海上保安庁の巡視船「えりも」(一二六八総トン)に乗り、茂木敏充北方対策担当大臣、高橋はるみ北海道知事と共に国境の海域を巡検した。当日は、靄がかかり、視界が不良であったようだが、現職の総理大臣が北方領土問題に強い関心を持ったことは、北方領土元島民、北方領土返還運動に携わる人々を勇気づけることとなった。

しかし、残念なことに、視察を終えた小泉総理のコメントは「ロシアのプーチン大統領との会談で今日の自らの体験を生かしたい。北方領土問題の解決なくしては日ロ平和条約の締結はない」という旧体制を踏襲するものであり、新たな小泉流の北方領土施策を披露するまでには至らなかった。

戦後六〇年が過ぎ、東西冷戦の終結、ソビエトの崩壊、ロシアの市場経済の導入など

北方領土を視察する小泉総理（毎日新聞社提供）

を経て、北方領土を取り巻く社会環境は、急速に変革をきたしている。時代に合った北方領土問題への対応を検討すべき時期であると思う。現地を実際に視察した総理の政策による北方領土の早期返還の実現を地元の人々は期待している。

現在の四島

北方領土とは、北海道の北東海上に連なる、択捉《えとろふ》島、国後《くなしり》島、色丹《しこたん》島、歯舞《はぼまい》諸島のことをいう。歯舞は貝殻《かいがら》島、水晶《すいしょう》島、志発《しぼつ》島、秋勇留《あきゆり》島、勇留《ゆり》島、多《た》楽《らく》島などからなる群島であるが、一括して勘定し、北方四島と呼ばれている。一九四五年、日本が、ポツダム宣言を受け入れ第二次世界大戦が終結した後、ソビエト軍の侵攻により武装占拠され、現在は、ロシアが実効支配している地域である。北方四島は、古くから日本の固有の領土であり、ソビエトの侵攻までは、他国により統治されたことはなかった。

北方四島をあわせた面積は、五〇三六平方キロメートル、千葉県の面積に匹敵する広さをもっている。一九四五年八月一五日の第二次世界大戦終戦時、四島には一万七二九一人が住んでいたが、一九四八年までにソ連政府により、強制的に退去させられてしまった。旧島民の約八割は、北海道に移り住み、その中でも北方四島が望める根室地域に定住する人が多かった。島が奪われてから六〇年近くが過ぎ、島を退去させられた人々のうち生存者は、二〇〇三年三月末現在、八五五四人であり、およそ半数の方が既になくなっている。

現在の北方四島は、ロシア共和国サハリン州の管理下におかれている。各島の人口は、択捉島・八〇〇〇人、国後島・四〇〇〇人、色丹島・二三〇〇人、合計一万四三〇〇人、歯舞諸島には、民間人は居住しておらず、国境警備隊のみが駐屯している。

択捉島では、市場経済の導入後、「ギドロストロイ」という名の地場企業が起き、漁業船団、水産工場、建設業、銀行などを持って隆盛している。同社により雇用先が確保されていることなどもあり、択捉島の社会情勢は良好である。

それに比べ、色丹島には、「オストロブノイ」という極東一の規模を誇る缶詰工場を持つ国営企業があり、一時は二万人が働いていたが、市場経済化に対応ができず、同社は倒産し、島の景気も衰退している。国後島でも同じように水産加工場が倒産し、島の財政は貧窮している。また、色丹島、国後島は、発電所の燃料不足から、頻繁に停電がおこるような状態であり、離島する人が後を絶たない。

北方領土の返還を考えるに当たっては、同じ北方四島でも各島の経済動向、社会情勢が、それぞれ違っていることを認識しなければいけない。

歴史的背景を紐解く

江戸時代、日本の最北部を統治していたのは、松前藩であった。松前藩の藩祖蠣崎慶広《かきざきよしひろ》は、秋田に基盤を置く安東氏（後に秋田氏と改姓）の配下の武将であった。慶広は、一五九三（文禄二）年豊臣秀吉に拝謁し、蝦夷島主と認める朱印状を受け、秋田氏から独立した存在を認められ、蝦夷地（現・北海道）における交易権を手中にした。こうして蝦夷地の統治者が蠣崎氏と定められ、江戸時代へと続いている。

慶広は、一五九九（慶長四）年、徳川家康に謁したのを機に姓を「松前」に改めた。

家康に取り入ることに成功した慶広は、一六〇四（慶長九）年、蝦夷地での交易独占権を認められ、大名格の扱いを受けることになった。

幕藩体制の中で、松前藩だけが石高を示されていない唯一の藩である。幕府への賦役からすると一万石相当であった。

正保年間、幕府は各藩に領地の地図の提出を求めた。「正保御国絵図」と呼ばれるもので、幕府は各藩から提出した地図をもとに「正保日本図」を作成している。

松前藩においても一六四四（正保元）年、絵図を幕府に献上している。この絵図に既に千島列島が記載され、国後島は「クナシリ」、択捉島は「エトホロ《（ママ）》」と名をつけられている。

林子平の「三国通覧図説」の中に「蝦夷の東海中に千島と称して図書に載るもの三七島あり」と記載され、以後、一般的に千島列島の呼称が使われるようになったようだ。

ロシアが千島列島に姿を見せたのは、一七〇〇年代に入ってからである。一七二一年、ロシアの探検家レージンがロシア皇帝ピョートル一世に報告した地図には、千島列島あたりは、「オストロワ・アポンスキヤ」＝「日本の島々」と明記されている。

その後、ロシア人が千島列島に頻繁に出没するようになり、アイヌ人などとトラブルを起こすようになる。これらのことが、林子平が、「海国兵談」を書くきっかけとなった。また、一七八三（天明三）年、仙台藩医の養子である工藤平助は、「赤蝦夷風説考」を著し、ロシアの南下を警告するとともに、蝦夷貿易の有益性を説いた。「赤蝦夷風説考」は、田沼意次の蝦夷地への関心を喚起し、幕府は、一七八五（天明五）年、八〇〇石船二隻を建造し、北方の島々の調査を開始した。この時、経世学者本多利明の弟子である最上徳内が参加している。徳内は、ウルップ島、択捉島を探検、アイヌのラッコ猟の様子などを報告している。その後、最上徳内は、千島列島の開拓に尽力し、アイヌ民族のよき理解者となった。

徳内の他に有名な蝦夷地探検家としては、一七八九年に、択捉島が日本の領土であることを示すため「大日本恵土呂府」の標柱を建てたことで知られる近藤重蔵、樺太探検を行ない樺太とシベリアの間に海峡が存在することを発見した間宮林蔵などがいる。間宮林蔵の名は、今も間宮海峡として残されている。また、間宮林蔵は、シーボルト事件を幕府に密告したことでも知られている。

日本とロシアの境界線

日本とロシアの間で、初めて国境線が確認されたのは、一八五五（安政元）年二月七日に結ばれた日露通好条約である。伊豆・下田で締結されたことから下田条約と呼ばれ、日本側の代表は筒井政憲《つついまさのり》（肥前守）、川路聖謨《かわじとしあきら》（左衛門尉）で、ロシア側はプチャーチンであった。この条約において確認された国境線は、ウルップ島と択捉島の間に置かれ、この線の南側は日本の領土と確認され、カラフトは境を設けず日露両国民の雑居地とされた。

一八七五（明治八）年には、樺太千島交換条約が結ばれ、千島列島全島が日本に譲り渡され、サハリン全島がロシア領になった。この交渉にあたったのは、五稜郭で名を知られた旧幕臣榎本武揚であった。榎本は、公使としてロシアとの不平等条約の改正にも奔走していた。

樺太千島交換条約においては、武力行使とは無関係に国境線が画定されており、日本の固有の領土を定める基礎となっている。

日露戦争の後、一九〇五年にはポーツマス条約により、サハリンの北緯五〇度線より南側が日本へ割譲された。

樺太及び北方四島の歴史

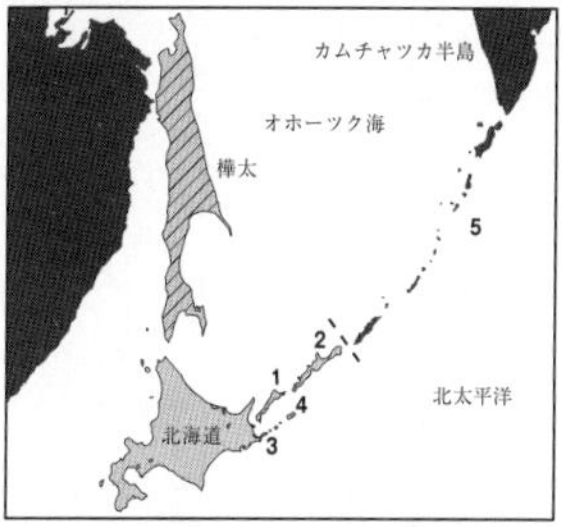

1855年の日露通好条約に基づく国境線
（『外務省大臣官房国内広報課発行われらの北方領土1997年』より転）

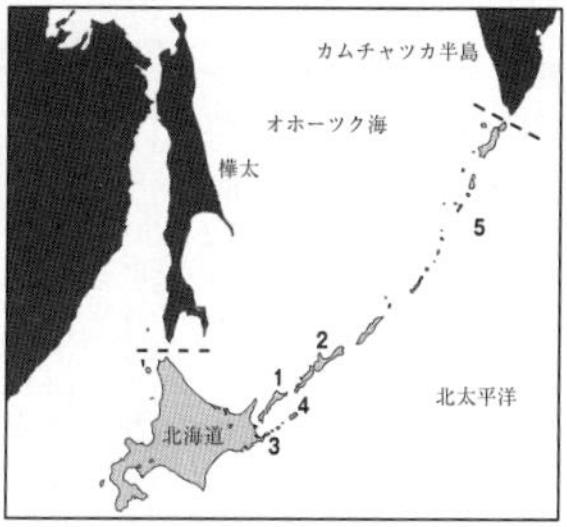

1875年樺太・千島交換条約に基づく国境

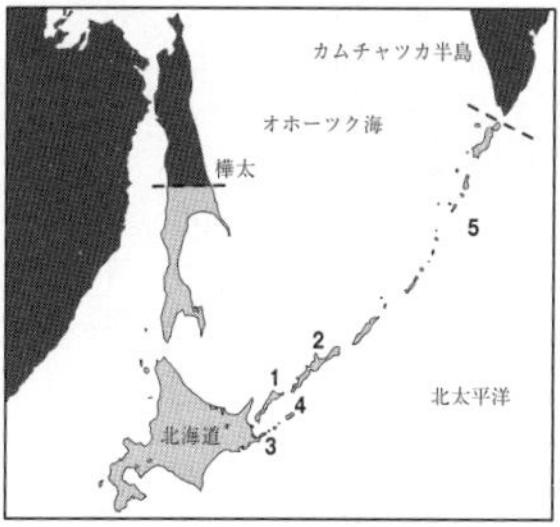

1905年ポースマツ条約に基づく国境

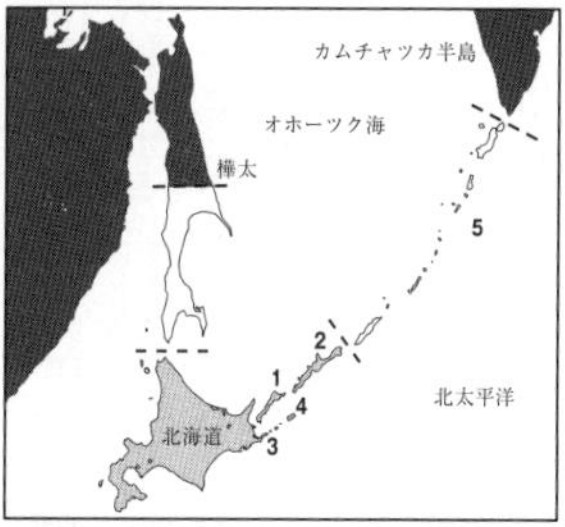

1951年サンフランシスコ平和条約に基づく国境
サンフランシスコ平和条約にはソ連は参加していないため、現在日本が放棄した南樺太と千島列島は帰属が未定である。帰属決定の国際会議は未開催。

1. 国後（くなしり）島
2. 択捉（えとろふ）島
3. 歯舞（はぼまい）諸島
4. 色丹（しこたん）島
5. 千島（ちしま）列島

第二次世界大戦末期、フランクリン・ルーズベルト（米国）、チャーチル（英国）、スターリン（ソ連）の間でヤルタ協定が結ばれた。ヤルタ協定の密約では、ソ連が日ソ不可侵条約を破棄し日本に宣戦布告した場合、日本が敗戦した時には、カラフトを返還し、千島列島を引き渡すことなどが取り決められていた。

ソ連は、日本の敗戦後、すばやく軍をカラフト、千島列島に進め、北方四島まで武力占領してしまった。北方四島は以後、現在までソ連、現ロシアに実効支配されている。

ヤルタ協定は、サンフランシスコ平和条約に反映され、日本は千島列島と日露戦争により編入した南カラフトおよびその周辺の島々に対する権利、権限などを放棄することとなった。しかし、サンフランシスコ平和会議において吉田茂全権大使は、択捉島および国後島は日本開国当時から日本領で、帝政ロシアも異論がなかったこと、歯舞諸島、色丹島は、北海道の一部であることを主張し、北方四島は放棄する島には入っていないという考えを述べた。この件について米国は、一九五六年日ソ交渉に対する米国覚書の中において、北方四島は日本固有の領土であり、日本の主権下に置くべきだとしている。

日本はソ連に対し、たびたび北方四島返還交渉を行なってきたが、遅々として進まない。日本国内の意見も四島一括返還論と二島先行論と二つの意見に分かれている。一時期二島先行論で、話が具体化していたようだが、田中真紀子氏の外務大臣就任と外務省内の内紛により、四島一括返還論が復活し話がご破算となった。四島一括返還論は、田中真紀子氏の父である故田中角栄氏の考えでもあった。

ロシアのプーチン大統領は、二〇〇四年一一月一五日、一九五六年の日ソ共同宣言を念頭に「批准された文書の責務を果たす用意がある」と発言している。一九五六年の日ソ共同宣言では、日本とソ連の平和条約が締結されたならば歯舞諸島、色丹島は返還するとうたっている。ロシアとしては、早期の日ロ平和条約の締結をもとめ、二島返還での領土問題の決着を見出したいようだ。

四島一括返還論は、多分に心情的な要素をもっている。現存する北方四島からソ連に追い出された日本人は、およそ八〇〇〇人。その多くが、北海道、特に根室を中心に暮らしている。正論を述べれば四島一括返還であろう。奪われた島は元通り返してほしい。しかし、現在、択捉島、国後島には、一万二〇〇〇人のロシア人が住み市場経済化した社会で生きている。現実問題として、この一万二〇〇〇人のロシア人の処遇と「ギドロストロイ」など私企業の存在を考えると、単純に日本へ返還することは難しいと考えられる。

現実を踏まえて新しい北方領土返還運動を考える時期であると思う。今直ぐにでも動き出さなければ手遅れになりかねない。北方領土にロシア人の社会が根付き、ロシア人の文化がはぐくまれ、ロシア人の歴史が刻まれているのである。

現在のロシアは、チェチェン問題、国内経済格差など解決しなければならない国内問題が山積みである。実際にロシアは北方領土や千島列島の治安維持にまで手が回っていない。日本側が、現実性のある提案をするならば受け入れられることが十分に考えられる。

現在ではビザなし交流が実施され、毎年六〇〇〇人を超える日本人が択捉島、国後島、色丹島を訪れ、五〇〇〇人ほどの北方領土在住のロシア人が来日している。道東の漁港では、ロシア船の姿も多く見受けられ、漁業生産物の売買など密接な経済関係を築き始めている。

私見ではあるが、歯舞諸島、色丹島の二島の先行返還を受け、択捉島、国後島の二島における日本人の土地私有および日本企業の進出の許可と両島沿岸域の漁業権の譲渡を要求し、日本の文化、経済が浸透した段階で両島の返還の実現を図ってはどうだろうか。

北方領土のソ連、それに続くロシアによる実効支配は既に六〇年を超えてしまった。

北方領土を故郷とする日本人も年々少なくなっている。日本の若い世代では、北方領土に対する関心を持たない人も多い。記憶が風化し、実効支配が正当な支配になってしまわないうちに日本政府は行動をおこしてほしい。躊躇していては、手遅れになる日も近い。

北方領土の漁業資源はまだ枯渇していない。スケトウやサケなどの魚類やカニやウニなどの海産物が乱獲によって減少する前に日本型の育てる漁業を導入すべきであろう。また、北方四島は自然に満ち溢れ、温泉もあり、豊富な観光資源は商品価値が高いという観光業者の声を聞いたこともある。隣接するサハリンでは、天然資源の開発が本格的にはじまっていて、日本へのエネルギー供給の中継基地としても期待される。

ロシア・水産マフィアの台頭

二〇〇〇年九月、東京において日ロ海上保安機関長官会合が開かれ「日本国海上保安庁とロシア連邦国境警備庁との間の協力発展の基盤に関する覚書」が交わされた。この覚書には、薬物、銃器の不法取引の取締り、密航の防止、不審船対策、海洋汚染取締りなどの分野での情報交換と合同訓練の実施が織り込まれていた。

覚書も重要であるが、日本側荒井正吾海上保安庁長官（現・参議院議員）は、ロシア側トッキー国境警備庁長官に対し、非武装の日本船へのロシア警備艇による銃撃を止めるよう、口頭で要請した。トッキー長官はこの要請を受諾し、以後、ロシア警備艇による日本漁船への銃撃は一切行なわれていない。日本の領土である北方領土内で、ロシア警備艇に日本船が銃撃されることがなくなっただけでも、大きな前進である。

以後、日本の海上保安庁とロシア国境警備庁の間の協力関係は、順調に進んでいる。現在のロシア国境警備庁は、予算不足から警備艇による警戒活動もままならず、日本の海上保安庁がロシアの密漁船、密輸船を取り締まっているのが現状である。二〇〇四年一〇月、私が根室海上保安部を訪れたときには、北方領土海域にいるロシア国境警備庁の船は、イワンアントノフ型輸送船一隻だけであった。この輸送船は、北方四島の警備基地に冬ごもりの準備のための物資を運び入れるために派遣されていた。

現在の北方領土海域には、数年前までの緊張感は無く、新しい時代の到来を感じさせるほど穏やかである。

ただ、不安に感じることは、近年増加しているロシア・マフィアによる犯罪である。二〇〇〇年代に入り、ロシア船による拳銃や薬物の密輸が目立っている。また、ロシア・

水産マフィアによる密輸、密漁も頻繁に行なわれているようだ。現在ではマフィアへの対策が日ロ海上警備協力の重要な課題となっている。

国境警備庁ガモフ将軍の暗殺

二〇〇二年五月二一日深夜、ロシア国境警備庁太平洋地域局次長ビタリー・ガモフ氏（少将・三九歳）が住むユジノサハリンスクのアパートの部屋に、火炎瓶が投げ込まれる事件があった。ガモフ氏と妻は全身に重度の火傷を負い、直ちにサハリンエナジー社のチャーター機で、日本の札幌にある病院に搬送された。しかし、ガモフ氏は手遅れで死亡し、妻は命だけは取り留めた。

ガモフ氏は、クリル（千島）諸島地域を担当する海上警備の司令官であり、日本の海上保安庁との警備協力のカウンター・パートであった。ロシア政府の悩みは蔓延《はびこ》る密漁と密輸であり、密漁・密輸のために正規の漁業が圧迫され、また、正規の輸出も減少したため、ひどく税収が落ち込んでいた。ロシアの密漁は、マフィアにより組織的に行なわれている。

ガモフ氏は暗殺される六日前の一五日、宗谷岬の北東六五キロメートルのロシア領海内で行なわれた日ロ洋上会談にロシア代表として出席し、密漁者には厳しく対処し、取締りを厳重にすると合意をした矢先の出来事であった。

ガモフ氏のアパートの部屋は三階であり、犯人は梯子をかけ、窓から火炎瓶を数本投げ込んでいる。この火炎瓶には船舶信号灯用の火薬が使われていた。

ガモフ氏暗殺の犯人は、水産マフィアと呼ばれる、密漁・密輸を専門とした犯罪組織である可能性が高いとみられている。ロシアの新聞には、容疑者として極東ロシア・マフィアの大物の名が挙げられている。ロシアの水産マフィアはサハリン、釜山、北海道をまたにかけ行動している。マフィア間の抗争も激しいようだ。日本においても国内の広域暴力団とつながって密輸取引を行ない、北海道にあっては、ロシア・マフィア同士の抗争事件まで発生している。ロシア国内では官吏の腐敗が進み、国境警備庁とマフィアの癒着も噂されている。ガモフ氏暗殺は、マフィアの反発をかったため、もしくは警備当局への脅しと考えられているが、真相は今も闇の中である。

北方海上での仁義無き戦い

二〇〇二年一一月二五日午前四時五五分、稚内海上保安部に対し、ロシア漁船ウエスト・ウインド号（一七七総トン）からメーデー発信があった。メーデー発信とは、SOSに変わる緊急救助要請の無線連絡である。ウエスト・ウインド号からの要請は、海賊に襲われ、銃撃を受けているので保護してほしいというものであった。

海上保安庁では、日本沿岸での海賊の出現情報に色めき立った。稚内海上保安部では同号を日本領海内で保護し、稚内港に入港させた。海賊船はサハリンに向け逃げたということ。

ウエスト・ウインド号の乗組員の証言を不審に感じた海上保安部では、同号を捜査することにした。その結果、同号が密漁船に関与し、密漁者同士の抗争から銃撃されたことが判明した。

ウエスト・ウインド号は、パナマ船籍のロシア船で、韓国の釜山をベースとして活動するロシア・マフィアの密漁関係船であった。稚内沖の日本の排他的経済水域内で、敵対するマフィアの密漁船と遭遇して銃撃され、日本の領海に逃げ込み救助を求めたのである。

海上保安庁は、同号に退去を要請したが、船側は「今、日本の領海外に出ては殺される」と、稚内港内にとどまる許可を懇願した。

銃撃した側の船から手が回ったためか、ロシア国境警備庁から海上保安庁に対してウエスト・ウインド号の引渡し要請があった。結局、海上保安庁は、同号を強制退去処分とし、同号はサハリンに向け航行していった。

北海道ではロシア・マフィア同士の抗争と思われる殺人事件が発生している。ロシア・マフィアは日本で、「仁義無き戦い」を繰り広げているのである。

現在、日本とロシアとの外交関係は、雪解け後まさに春が来ようとしている状態である。ロシア側も日ロ友好条約の締結の早期実現を望んでいるようだ。しかし、ロシアの国内では、北方海域におけるマフィアの暗躍、市場経済の導入による貧富の差の拡大、チェチェン問題、財政の逼迫など難問が山積みである。日本は、政府の方針をしっかりと固め、対ロ交渉にのぞまなければならない。北方領土の返還と同時に、ロシアの国内問題が日本へ流入してくる可能性も検討しておかなければならないのだ。

第四章　「日本の海」を守る

世界の領有権紛争

一九八二年、大西洋の南西部に位置するフォークランド諸島の領有権をめぐって、英国とアルゼンチンの間で「フォークランド紛争」が発生した。フォークランド諸島は、イギリスが実効支配していたが、アルゼンチンがスペインから独立した時に領有権を継承したと主張し、八二年四月軍事行動を起こし、同諸島を占領した。しかし、英国はすばやく海軍機動部隊を派遣し、二ヵ月後にアルゼンチンを降伏させた。「フォークランド紛争」は、第二次世界大戦後に発生した、島の領有権をめぐっての軍事衝突の中で最も記憶に残る事件であろう。

英国・アルゼンチン両国は、すでに国交を回復し、一九九五年には、同諸島周辺海域において油田の共同開発に着手している。戦争まで起こすほど険悪な関係になった両国であるが、石油資源の利害が一致したことで、現在では友好国になっているのである。

島の領有権をめぐる争いが現在も続いている地域の例を二つ紹介したい。一つは、中国、台湾、ベトナム、マレーシア、フィリピンにより争われ、軍事衝突も起こった南シナ海のスプラトリー諸島。もうひとつは、マレーシアとシンガポールの二国間で平和的解決を目指しているマラッカ海峡に浮かぶペドラ・ブランカ島。

対照的な二例を紹介し、領土問題の解決策の参考としたい。

中国が狙う南シナ海に浮かぶ島々

中国の行く先に紛争あり。

中国が領有権を主張して他国とトラブルを起こしているのは、尖閣諸島だけではない。南シナ海に浮かぶスプラトリー（南沙）諸島、パラセル（西沙）諸島においても領有権を主張し、武力紛争にまで発展している。両諸島ともに第二次世界大戦終結までは日本領で、サンフランシスコ平和条約により管轄権を放棄しているが、同条約では、次の帰属先については言及されていない。また、両島とも人間が定住できる環境には無いことも領有権問題を複雑にしている。

パラセル諸島は、中国名で西沙諸島、ベトナム名ではホアンサ諸島と呼ばれ、中国とベトナムの二国が領有権の主張をしている。

一九五六年ベトナム（南ベトナム）が諸島の西半分を占領すると、すかさず中国が東半分を占領した。以後、両国は対峙しながら緊張を保っていたが、一九七四年、ベトナム戦争の末期に中国はパラセル諸島の西側に侵攻し、以後、パラセル諸島全域が中国の実効支配するところとなった。中国にとってパラセル諸島は、南シナ海権益への進出の足場として重要である。

スプラトリー諸島は、中国名で南沙諸島、ベトナム名ではチュオンサ諸島と呼ばれ、サンゴ礁などからなる約一〇〇の小島で形成され、すべての島を合わせても一〇平方キロメートル程度の面積にしかすぎない。現在、中国、台湾、ベトナ

ムが全島の領有権を主張し、マレーシア、フィリピンが一部の島々の領有権を主張している（ブルネイは、一部の海域の排他的経済水域を主張）。ブルネイを除く五ヵ国は、それぞれ軍事行動を起こして手近な島を実効支配し、洋上で陣取り合戦を行なってきた。

フィリピンがスプラトリー諸島の領有宣言をしたのは一九四九年で、自国の沖合いの島を領土として確認したというところだろう。ベトナムは一九五六年に諸島内の幾つかの島に自国領であることを示す石柱を建て、台湾も同年ひとつの島を占有している。マレーシアは、一九七〇年頃から領有権を主張し、八〇年代には軍隊により一部の島を占領した。

中国は、一九八八年、スプラトリー諸島に向けて軍事行動を起こし、ベトナム軍と衝突し、六ヵ所のサンゴ礁の島を占領した。さらに一九九五年には、ミスチーフ岩礁に漁民の退避施設と称する建造物をつくっている。この建物は、その後補強され、現在では人が定住できるものとなっているようである。

ベトナムも一九九八年に二つの島に漁業施設を建築し、二〇〇四年には諸島内で飛行場建設に着手したと発表している。

小さな島が点在するだけのスプラトリー諸島がこのような領土紛争にまで発展したの

は、この海域に膨大な量のガス油田が存在すると言われるからである。

二〇〇四年九月、中国の胡錦濤《こきんとう》国家主席とフィリピンのアロヨ大統領が会談し、スプラトリー諸島を含む南シナ海の海底資源の共同開発を行なうことで合意し、三年計画で共同探査を行なう契約書に調印している。領有権をめぐって対立してきた両国であるが、地下資源の開発という共同の利益のために連携を決意した。両国とも単独で海底資源の開発に当たるには資金的な余裕がなく、現実的な解決策を選択したようだ。また、中国とフィリピンの連携に対抗する、ベトナムの出方にも注意が必要である。

スプラトリー諸島の領有権は、日本にとっても無縁ではない。日本が輸入している原油の八〇%はマラッカ海峡を抜け、このスプラトリー諸島近海を通過して運ばれてくる。そのためスプラトリー諸島近海の治安維持は日本のシーレーン確保の上でも重要な問題なのである。

平和的に解決したペドラ・ブランカ島

二〇〇三年二月、マレーシア政府およびシンガポール政府はペドラ・ブランカ島及びその周辺の岩に対する領有権にかかる紛争問題を、国際司法裁判所に提訴することについて合意書に署名し、同年七月、その旨、国際司法裁判所に通知し訴訟手続きに入った。

私は、二〇〇二年夏、シンガポール政府の海事港湾庁（ＭＰＡ）へ、マラッカ海峡に現存する最も古い灯台であるホースバーグ灯台の視察を申し込んだことがある。

シンガポールのＭＰＡからは、ホースバーグ灯台のあるペトラ・ブランカ島は、マレーシアと領有権問題が生じているため、外国人の視察は許可できないが、代わりにホースバーグ灯台と同じ頃に建築されたラッフルズ灯台を案内したいとの返答があった。ラッフルズ灯台もシンガポール軍の通信基地が併設されているために通常は視察できない。私はすぐにホースバーグ灯台を諦めラッフルズ灯台の視察を行なうことにした。

マラッカ海峡は、日本へ輸送される原油の八〇％が通過するオイルルートで、日本の生命線ともいわれている。私の勤務する日本財団では、一九六八（昭和四三）年からマラッカ海峡内の水路測量や灯台、浮体式灯標などの整備事業を行なってきた。ホースバーグ灯台の視察もその一環で、古い灯台の管理状況の調査が目的であった。

ホースバーグ灯台は、マカッラ海峡の東の入り口にあるペドラ・ブランカ島にあり、一八五一年に建築され、現在はシンガポール政府が管理している。この灯台の建設が提案されたのは一八三六年だが、計画から完成まで実に一五年の歳月を要している。その主な理由は、ホースバーグ灯台が荒波を受ける岩礁にあり建築が困難であったこと、及び建設費用が莫大なものとなり、その調達に苦慮したことがあげられる。ホースバーグという名は、英国東インド会社の高名な水路技師ジェイムス・ホースバーグ（一七六二〜一八三六年）の名に由来している。当時、マレー半島およびシンガポール島は英国の植民地となっていた。

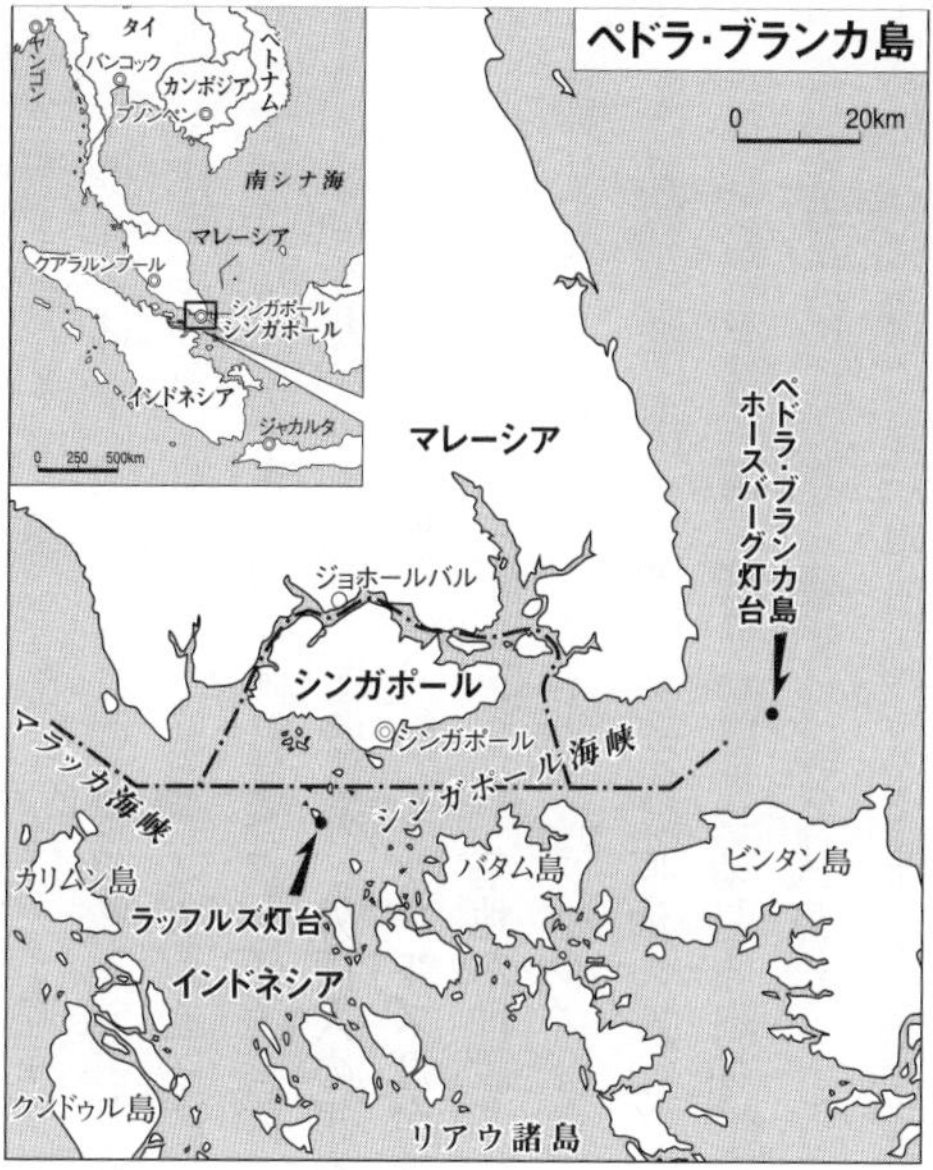

ホースバーグ灯台の建設を提案したのは、イギリス人商人で、ジャーデン・マセソン商会を率いたウイリアム・ジャーデンである。ジャーデン・マセソン社は、中国とのアヘン貿易で富を築いたことで知られ、明治維新期の日本へ武器を供給していたことでも記録に

残る会社である。

ジャーデンは、中国、日本などのアジア諸国との貿易のため、マラッカ海峡の航行安全を確保する必要に迫られた。そこでジャーデンはホースバーグとはかり、航行の難所、シンガポール沖に存在する岩礁に灯台を建築する提案を行なった。ジャーデンは、ホースバーグが死去した年、同氏を偲び、二人で計画していた灯台の建設のための基金を設立、中国の広東、インドのボンベイ（現・ムンバイ）、マレーシアのペナンなどにおいて募金活動を開始した。寄付に応じたのは、アジア植民地で働く欧州人の船員や商人が中心であった。主な寄付者は、ジャーデン・マセソン社、イギリス東インド会社、カルカッタ商業会議所、ボンベイ商業会議所などであった。

ホースバーグ灯台は、航行の難所マラッカ海峡において、その必要性を認めた受益者たちの資金提供により建築された灯台である。そのため、この灯台の設置場所、設置方法等については、植民地政府の意見よりも、資金提供者であり受益者である海峡利用者の会合での決定事項が優先された。

ホースバーグ灯台の維持管理費は、シンガポールに入港する船舶の灯台税により賄われていた。一八五六年の一年間に約四〇〇〇隻の貿易船がシンガポールに寄港している。

また、同時期の一八五四年、シンガポール西南沖の孤島にラッフルズ灯台が建築されているが、この灯台の建築費は、東インド会社が全額拠出している。これはラッフルズ灯台が、イギリス政府が主権を行使する必要があるシンガポールの領海にあったためだと考えられる。

海を照らす灯台の光は、領土・領海の主張の象徴である。

ホースバーグ灯台の建築の経緯は、現在の領有権問題にも大きく関わっている。民間が建築した灯台であり、もともと帰属が曖昧だったのである。

ホースバーグ灯台のあるペドラ・ブランカ島の領有権問題の解決が、平和的な解決方法である国際司法裁判所の判決に委ねられたことは意義深いことである。国際司法裁判所への提訴は両国の合意が無ければ行なえないのである。かつて日本は、竹島の領有権問題を国際司法裁判所に提訴することを韓国に提案したが拒絶され、国際法廷に持ち込むことができなかった。

国際司法裁判所における領有権問題の訴訟には、最低でも三年を要するだろう。しかし、武力紛争で、両国民の血が流れるよりはずっと賢明な手段である。この訴訟の成り行きと判決を、両国がどのように受け入れるか、今後も注目してゆきたい。

国境を守る海上保安庁

日本の国境線は、すべて海の上にある。そのため、日本の国境を守るのは海上保安庁の任務である。

海上保安庁は、一九四八年五月一日、GHQ指導による国家再建の途上、日本の領海での生命および財産の保護、治安の維持を目的に運輸省の外局として設立された。

現在の海上保安庁の主な業務は、以下のとおりである。

①治安の維持（海上テロ対策、不審船・工作船対応、密輸・密航・密漁対策、領海警備、外国調査船への対応等）

②海上交通の安全確保（灯台などの航行支援施設の整備、航行安全に関する情報の提供、水路調査等）

③海難の救助（海難事故への対応、マリンレジャーの安全推進等）

④海上防災・海洋環境の保全（海上流出油対策、津波など沿岸域における自然災害対策、海洋環境の保護、海洋情報の提供等）

⑤国内外関係機関との連携・協力（大陸棚確定のための調査、海賊対策など国際的な連

携・協力の推進等）

海岸総延長三万四〇〇〇キロメートルの広い日本の海岸線をおよそ一万二〇〇〇人の海上保安官で守っている。特に最近は、密輸・密航などの海上犯罪も多様化し、また、北朝鮮工作船事件のような重大事件が発生し、海上保安庁は一時たりとも気が抜けない情況である。

一九九九年にマラッカ海峡で起こったアロンドラ・レインボー号事件を契機に海上保安庁の国際化が急速に進んだ。日本の貨物船が海賊に襲われたアロンドラ・レインボー号事件の捜査は、アジア地域の国々の連携により行なわれ、マラッカ海峡で救命いかだに乗せられ置き去りにされた船員の保護とアロンドラ・レインボー号の捕捉、海賊の逮捕といった成果を上げた。以後、アジア地域の海上保安機関は毎年一堂に会して会議を行ない、協力関係を密接にしている。その中心は、日本の海上保安庁である。

二〇〇四年六月には、東京でアジア海上保安機関長官級会議が開催され、アジア全域から一七の国と地域が集まり、アジアの海上治安維持について話し合い、海上テロ・海賊などへの対策における協力体制の構築が合意された。新たなる海上保安機関の国際連携が動き出し、同年、海上保安庁の巡視船は、インド、フィリピンをそれぞれ訪問し、洋上での合同訓練を実施している。

海上保安庁の現在の問題は、広い排他的経済水域全般をカバーするには海上保安官が少ないこと、巡視船が老朽化しているが、緊縮財政のおり、代替船の建造が難しいことなどが上げられる。

二〇〇四年五月現在、海上保安庁が所有する巡視船などの船舶は合計五一四隻、その中には世界最大の巡視船「しきしま」（七一七五総トン、ヘリ二機搭載）、不審船対策として建造され、五〇ノット（時速九二・六キロメートル）での走行が可能といわれる高速巡視船「つるぎ」（二二〇総トン）など世界に誇れる巡視船が含まれている。しかし、巡視船艇の老朽化は進み、船齢二〇年以上の巡視船艇が全体の約三八％をしめているのである。

尖閣諸島や沖ノ鳥島など遠隔地の哨戒や沿岸から離れた海域の警備には、航空機が使われる。海上保安庁の保有する航空機は七八機。飛行機がジェット機二機（ファルコン９００）を含む二九機、ヘリコプターが四九機である。世界で六番目に広い排他的経済水域や大陸棚の警備を行なうために、七八機はフル稼働の状態である。

海上保安庁の人材育成は、広島県呉市にある海上保安大学校と京都府舞鶴市にある海上保安学校を中心に行なわれている。また、国連の海事部門である国際海事機関（ＩＭＯ）の運営する世界海事大学（スウェーデン・マルメ市）に毎年、海上保安官を入学させて修士号を取得させ、国際的な人脈作りにも熱心に取り組んでいる。

世界の海、特にアジアの海の安全を守るためには、日本だけの力では足りない。アジアの国々の海上警備力をレベルアップして行くことが不可欠である。そのため、アジアの国々から海上保安大学校に留学生を受け入れるなど、人材育成への支援も行なっている。

海上保安大学校校長室には、「正義と仁愛」とかかれた大きな額が飾られている。学生たちは、この言葉を理想として厳しい訓練に耐え、未来の海上保安官を目指している。

日本を取り巻く海の状況は複雑な様相をていし、日本の海を守るために果たさなければならない海上保安庁の役割はますます増大している。

歴史を知り海洋国家として考える

いつ日本ができたのか。どこからどこまでが日本なのか。

どれだけの日本人が「日本」のことを知っているのだろうか。
また、日本は、海洋国家といわれる。しかし、どれほどの日本人が、海洋国家であることを意識し、日本の四方を囲む「海」のことを知っているのだろうか。日本は「海」と深く関わりながら歴史を刻み、現在の姿を創ってきたのだ。

現代の日本の教育では「海」に関することを教えることが少なく、「海」という項目は、小学校の指導要領から削除されてしまっている。

日本の教育にとって重要なことは、日本という国の「事実」を正確に伝えることだと思う。日本の歩いてきた歴史的事実、日本が現在抱えている対外的な諸問題など、「臭いものには蓋」をせず、すべてを国民に知らせるべきであろう。

一七世紀初頭、江戸幕府は、欧州の強国による国土の侵略とキリスト教の民衆への浸透を恐れ、鎖国政策を進めた。日本人の海外渡航は禁止され、外国への航行が可能な大型船は焼き捨てられ、以後、原則五〇〇石以上の大型船の建造が禁止された。海外との貿易も隣国の明、朝鮮以外の貿易国はオランダだけに絞られ、長崎出島においてのみ許可された。江戸期を通じて、海外からの情報は出島を経由して入手されるものだけになり、海外情勢は江戸幕府により一元管理された。

こうして江戸時代の二〇〇年間、海外との交流が無くなり、日本人は「海」を日本沿岸域の限定された概念で認識していた。そして、一八五四年、平穏すぎた日本に「黒船」が来航し、市民がはじめて目の当たりにした「外国」はあまりにも強大で、世の中が動顚する騒ぎとなったのである。

江戸幕府は、情報統制によって徳川家による幕藩体制の安泰を謀ってきたが、時代の奔流に押し流され明治維新を迎えることになった。そして、明治新政府は、欧米に押し付けられた不平等条約の改善に尽力するとともに、欧米への対抗意識を芽生えさせた。日本はいっきに軍国主義の道を歩み、幾つかの戦争を経て第二次世界大戦へとつき進んだ。この間も国民には海外情報を的確に伝えず、それが国民を苦難の道へと引き込んで行った。

現在の日本政府は、国民に対し、日本を取り巻く国々の情報をどれだけ提供しているのだろうか。太平洋を支配する米国の軍事力、隣国中国の海洋拡大政策、ロシアの北方領土海域における警備力の崩壊、北朝鮮の動向、韓国の対日感情の悪化など、日本を取り巻く現状をもっと国民に伝えるべきである。

昨今、日本は間違った歴史認識を教育していると批判する外国があるが、歴史認識とはその国の民族性、文化、宗教などにより形成されるものであり、他国の干渉を気にする必要は無い。日本は、日本のたどってきた歴史的事実をありのままに国民に教えればよいのである。

そして、中国をはじめとする近隣国との関係は、この数十年内のものではなく、二〇〇〇年以上遡って歴史認識を考えてゆかなければならないだろう。海に支えられ、海と共に生きる海洋国家日本の教育の第一歩は、日本を取り巻く海の多面的な情報を国民に広く伝えることである。

海洋政策を急げ!

日本の沿岸警備の盲点は、海上保安庁と海上自衛隊の双方がどれだけ装備を充実しても、指揮命令系統の統一がとれていないことである。海上保安庁と海上自衛隊の綿密な協力、そのためには、政府の適切な指示・命令が必要である。一九九九年、能登沖に北朝鮮工作船が出没した事件以後、海保と海自は協力関係を進めているが、組織が官僚的であるためか、連携行動に移るには時間がかかるようだ。

二〇〇一年一二月、北朝鮮工作船が九州南西沖に出没した時には、海上自衛隊から海

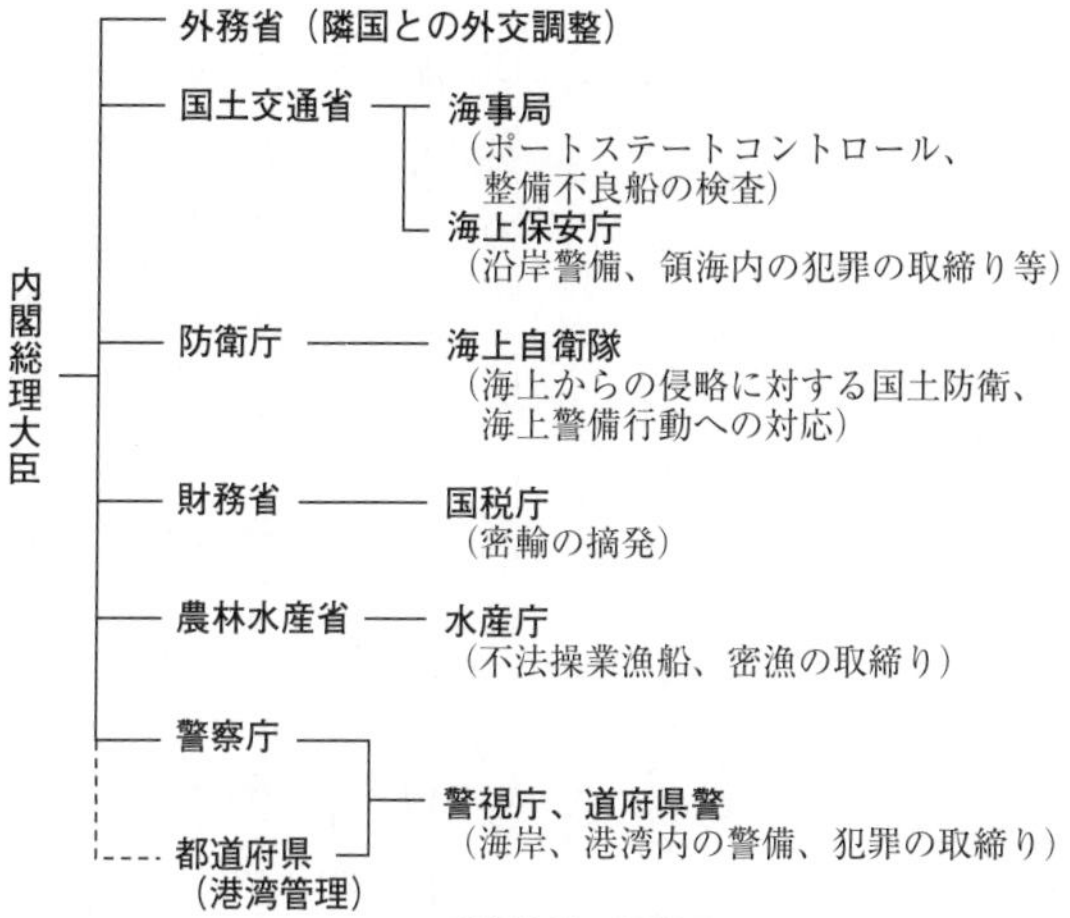

沿岸警備の組織図

上保安庁への連絡が九時間も遅れたことが問題となり、また、二〇〇四年一一月の中国潜水艦領海侵犯事件においても、両者の連携は密接ではなく、政府の指示も不明確であった。

もし、政府が海上自衛隊に対する海上警備行動の発令に躊躇するのであれば、海上保安庁の人員を増加し、対潜哨戒機や大型高速巡視船などの装備を充実させる施策を取る必要があるだろう。

また、日本においては、国土を取り巻く「海」に対応する政策が欠如していることも問題である。

世界は、新しい海洋秩序の時代を迎えており、アジアの国々においても、その流れは顕著である。特に、海の治安維持を行なうのは、軍事力ではなく、国際法に基づいた海上警察力であるとするのがアジアの潮流である。

フィリピンとインドは、既に海軍から分離独立したコーストガードを設立している。マレーシアでは二〇〇四年、コーストガードにあたる海事執行庁（MMEA）を設立することを議会で可決した。インドネシアのユドヨノ大統領は、調整担当大臣の頃からコーストガードの設立を提案している。

アジアの国々は、隣国との国境紛争、民族・宗教対立で多くの血を流してきた。そのため紛争において軍部が前面にでることの恐ろしさを十分に認識している。また、アジアの国々は社会的、経済的にも成熟期を迎えつつあり、国際法による紛争解決を行なうだけの社会的基盤も確立しつつある。

さらにアジアの国々は沿岸警備だけでなく、海洋政策においても著しい進歩をとげている。インドネシアにおいては海洋漁業省が設立され、海洋に関わる問題への対処を一元化し、マレーシアでは、首相府の国家安全保障局海洋部がその任にあたっている。また、隣国の中国では国家海洋局、韓国では海洋水産省が設立されている。

海洋は、宇宙よりも未知の世界と言われ、多くの可能性を秘めている。未来の地球のために計画的に研究・開発・維持を行なってゆかなければならない。

日本には、統一した海洋政策といえるものがまだ無い。海洋に関する監督官庁は数え切れないほど多く、沿岸警備の指示系統の一元化をはじめ解決しなければならない問題が山積みである。

そこで、まず、海洋に関する政府機関を一元化した組織の設置と責任者となる担当大臣の任命を提案したい。現在、さみだれ的におこなわれている海洋問題に対する施策を整理統合し、日本という国のアイデンティティを保持するためにも、明確な政府の方針を示すべきであろう。

また、さまざまな機会を捉えて、日本を取り巻く海の情報を国民に的確に提供し、日中、日韓、日ロ関係においても国民が誤解しないようにしなければならない。

とにもかくにも、国民の目をもっと「海」に向けさせることが、日本が真の海洋国家になるための第一歩である。

あとがき

「愛国心は、鍋釜なみの必需品」。日本財団の曽野綾子会長が時折口にする言葉である。愛国心とは一部の人たちが言うような思想論的に論争される観念ではなく、むしろ自分の生活を守るために必要不可欠なものであると言うのである。

日本の国土を守る排他的経済水域および将来を支える資源を持つ大陸棚の確保は、この正しい意味での愛国心を持って事にあたらなければならない重大な国家事業なのである。

この愛国心を持ち自国を保つことが、余裕を持って隣国とともに発展して行くことにつながって行くのである。

そして、平和的な手段で日本を守るためには、海外に対して信念を持ち、折り目正しい姿勢で日本の主張を伝えなければならない。

今回、海上保安庁の皆様に多大なご協力をいただき、日本各地の沿岸警備の最前線を訪問する機会を与えられた。そこには、生き生きと暮らす人々と愛国心を持ち国民の安全を守る人々の姿があった。歴史的に見ても都市での満ち足りた生活は、国土の端部を守り生活する人々によって支えられてきたのである。この美しい国土と美しい海を未来永劫残して行くために、国境で生きる人々の姿を、多くの都会で暮らす人々に知ってほしいと思う。

執筆にあたり私の勤める日本財団の曽野綾子会長、笹川陽平理事長からは温かい励ましとご意見をいただき、本書を書き上げることができた。また、新潮新書の三重博一編集長、今泉眞一氏には、なかなか針路が定まらない私をお導きいただいたことを深く感謝いたしたい。

今朝の天気図では、日本は強い冬型の気圧配置であり、きっと海は荒れていることだろう。この波濤の中で巡視船に乗り国境警備にあたっている、海上保安官に敬意を表したい。

二〇〇五年陽春　　　　　　　　　　　　　　山田　吉彦

主な参考文献

『海の帝国』白石隆　中公新書
『旅の民俗と歴史10　海の道』宮本常一編著　八坂書房
『馬・船・常民』網野善彦ほか　講談社学術文庫
『奪われる日本！』芦川淳ほか　宝島社
『沿岸域環境事典』日本沿岸域学会編　共立出版
『沖ノ鳥島海底地形報告書』海上保安庁水路部
『回顧する日本外交』村田良平　都市出版
『海洋法』山本草二　三省堂
『海國兵談』林子平　校訂・村岡典嗣　岩波文庫
『海事レポート平成16年版』国土交通省海事局編　財団法人日本海事広報協会
『海洋をめぐる世界と日本』村田良平　成山堂書店
『海洋白書２００４』シップ・アンド・オーシャン財団海洋政策研究所編　成山堂書店
『海上保安レポート２００３』『同２００４』海上保安庁

主な参考文献

『国連海洋法条約英和対訳』外務省海洋課監修　財団法人日本海洋協会
『国境の誕生』ブルース・バートン　ＮＨＫブックス
『国境警備』厳原海上保安部編　財団法人海上保安協会厳原支部
『古事記の読み方』坂本勝　岩波新書
『古典の事典　12』河出書房新社
『シーボルト「日本」』シーボルト著　中井晶夫訳　雄松堂書店
『知っていますか、日本の島』下條正男ほか　自由国民社
『鎖国』和辻哲郎　岩波文庫
「中国が仕掛けてきた沖ノ鳥島問題の重大性」正論２００４年10月号　平松茂雄
「水没する環礁州島とその再生」Ship&Ocean Newsletter　99　茅根創
「中国の海洋進出、その軍事的意図」中央公論２００４年10月号　茅原郁生
『竹島は日韓どちらのものか』下條正男　文春新書
『体系日本史叢書5　対外関係史』森克己、沼田次郎編　山川出版社
『対馬』永留久恵　杉屋書店
『幕末の小笠原』田中弘之　中公新書
『日本通史　第三巻』朝尾直弘ほか編　岩波書店
『日本の誕生』吉田孝　岩波新書
『日本地図から歴史を読む方法』武光誠　河出夢新書
『日本海と竹島』大西俊輝　東洋出版
『「日本」の原型　鬼界ヶ嶋から外ヶ浜まで』いいだもも　平凡社

『日本史を海から洗う』竹内実ほか　南風社
『日本の領土問題』明石康ほか　自由国民社
『日本は国境を守れるか』小川和久　青春出版社
『日本史講座』歴史学研究会、日本史研究会編　東京大学出版会
『日本の海洋民』宮本常一・川添登編　未来社
『密漁の海で』本田良一　凱風社
『蒙古襲来』白石一郎　日本放送出版協会
『鄭和の南海大遠征』宮崎正勝　中公新書
『地図に見る日本』海野一隆　大修館書店
『列島文化再考』網野善彦ほか　日本エディタースクール出版部
『われらの北方領土　２００３年版』外務省国内広報課

山田吉彦　1962（昭和37）年千葉県生まれ。学習院大学卒業。日本財団に勤務。現在、海洋グループ長。著書に『海賊、マラッカの風の中で』『天気で読む日本地図』『海のテロリズム』など。

Ⓢ新潮新書

107

日本《にほん》の国境《こっきょう》

著　者　山田吉彦《やまだよしひこ》

2005年3月20日　発行

発行者　佐藤隆信

発行所　株式会社新潮社

〒162-8711　東京都新宿区矢来町71番地
編集部(03)3266-5430　読者係(03)3266-5111
http://www.shinchosha.co.jp

地図図版製作　綜合精図研究所

組　版　株式会社ゾーン

印刷所　二光印刷株式会社

製本所　株式会社植木製本所

ISBN4-10-610107-6　C0231

価格はカバーに表示してあります。